ITALIAN TEXTS

general editor   Professor David Robey, Department of Ita
                    University of Manchester
founding editor   Kathleen Speight

C000061490

The Italian Texts series aims to make accessible to university and sixth-form students a wide range of modern writing, both literary and non-literary. The emphasis is on twentieth-century texts in a variety of registers and voices, with a special interest in the relationship to Italian society and politics. In line with contemporary conceptions of Italian studies, the texts are chosen not only as an introduction to creative writing, but also as an introduction to the study of modern Italy. All texts are accompanied by a critical introduction in English, which sets the material in its social and cultural contexts, and by notes that elucidate the more complex linguistic constructions, as well as by an extensive vocabulary

currently available

Boccaccio a selection from the *Decameron*
Pirandello *Novelle per un anno:* an anthology
Pirandello *Three Plays: Enrico IV, Sei personaggi in cerca d'autore, La giara*
Silone *Fontamara*
Novelle del novecento: an anthology
Italian women writing
Pavese *La luna e i falò*

Italian journalism

Italian journalism

A critical anthology

Robert Lumley

Manchester University Press

Manchester and New York

distributed exclusively in the USA and Canada
by St. Martin's Press

Copyright © Robert Lumley 1996

Published by Manchester University Press
Oxford Road, Manchester M13 9NR, England
and Room 400, 175 Fifth Avenue, New York, NY 10010, USA

Distributed exclusively in the USA and Canada
by St. Martin's Press, Inc., 175 Fifth Avenue, New York, NY 10010, USA

British Library Cataloguing-in-Publication Data
A catalogue record is available from the British Library

Library of Congress Cataloguing-in-Publication Data
Lumley, Robert, 1951–
     Italian journalism : a critical anthology / Robert Lumley
        p. ?   c.m. — (Manchester Italian texts)
     ISBN 0-7190-3889-8 (alk. paper)
     1. Journalist—Italy. 2. Italian newspapers—Italy. I. Title.
  III. Series: Italian texts.
  PN5244.L86   1996
  075—dc20   95-25045
                                     CIP

ISBN 0 7190 3889 8 *paperback*

First published 1996

00 99 98 97 96   10 9 8 7 6 5 4 3 2 1

Typeset in Times
by Koinonia, Manchester
Printed in Great Britain
by Bell & Bain Limited, Glasgow

Contents

To my father

Acknowledgements

Many people made comments and suggestions about this project, often over a *cappuccino* or walking along the street. Sometimes it was the chance remark that was as important as anything in getting me thinking. For instance, Stephen Gundle's remark that the issue of *Vie Nuove* following Stalin's death was easily the biggest seller prompted me to include a section on that event. I cannot name all those friends and colleagues but I should like to thank them all the same for their input. An invaluable help at the crucial early stage of research was Angelo Agostini, now head of the School of Journalism in Bologna, who generously provided me with materials used in the training of journalists in Italy, and Mauro Wolf of the Institute of Communications of the University of Bologna, whose coolly analytical approach I much appreciate. Discussions with Maria Chiara Bonazzi and Alberto Papuzzi, both of *La Stampa*, and with Michele Serra, then editor of the satirical weekly *Cuore,* gave me a good idea of the debates going on in the world of Italian journalism, and I found it useful to listen to John Hooper of the *Guardian* on the differences between the English and Italian press. David Robey enthusiastically took on the project and was a source of continual encouragement. Clare Coope lived with the book and its author and suggested many of the pieces that are included. I won't add the usual list of debts as these can be taken as read though not for granted. The overall responsibility for the final product is, of course, my own.

I am very grateful to the following for permission to reproduce their work: the cartoonists Francesco Tullio-Altan, Alfredo Chiappori, Emilio Giannelli and Senesi Vauro; the journalists Gad Lerner, Igor Man and Piero Ottone.

Every effort was made to trace the copyright owners of all extracts and illustrations that have been used, and any person claiming copyright should contact the publishers.

Introduction

The purpose of this book is to provide an introduction to the Italian newspaper. It is very much a set of signposts that should point the way across a territory that is virtually unmapped by English language publications; a guide that will help the reader to identify, describe and analyse texts that fit not into the category of literature, but into that of journalism; an anthology that gives hints about how the reader could set about selecting, organising and studying texts taken from today's press. It is hoped that not only will *Italian journalism: a critical anthology* be useful but that it will appeal to the reader's sense of curiosity and desire to explore contemporary realities.

This Introduction is divided into two sections: 'The Italian newspaper' and 'Choice of texts'. The first section provides a general overview of the daily press in Italy, taking what are regarded as its peculiarities as vantage-points. In many respects, the newspaper that is read in New York or London is not so dramatically different from the one read in Milan. The organisation of the news into domestic and foreign, the use of headlines and photographs, are broadly similar. However, there are also marked differences of tradition. No equivalent of the *Sun* exists in Italy. Equally, no daily sporting press, like *Il Corriere dello Sport*, is found in Britain or the United States. The second section, 'Choice of texts', introduces the texts themselves. It explains the rationale of their selection and presentation, and suggests ways in which they can be made useful: useful not only for the study of the (Italian) language but for an understanding of the language and practice of journalism, useful, in addition, as texts that are also historical documents.

The Italian newspaper

Newspapers are, by nature, industrial products. Originating (as dailies) in the eighteenth century, and establishing mass readerships in the late nineteenth and early twentieth centuries, they were part of the process of industrialisation, urbanisation and the making of nation-states that transformed first Europe and North America, and then the rest of the world. Newspapers were important vehicles in diffusing the commercial information necessary to the operation of free markets and the political information needed for the operation of democracies. Their production using the latest technologies, such as the telegraph, and distribution via newly-created rail networks, made them into the embodiments of a new civilisation. In the Liberal imagination, moreover, the free press represented the forces of enlightenment, progress, science, economic improvement and political liberty.

The press in the late twentieth century is no longer associated with the vanguard of progress. It is now considered an older medium in technological terms, and its commercial and political functions have diminished. However, many of the ideals first

1

promoted in newspapers, such as freedom of opinion and debate, remain important as models of how things should be done. Indeed, in the Italian case, the measurement of existing newspapers against a 'superior' (usually Anglo-American) model has been a recurrent theme in discussion, the peculiarities of the Italian press being seen as a symptom or mirror of an unhappy national condition.

The peculiarities that are usually discussed can be encapsulated in three questions: firstly, why is the Italian press not truly *national*? Secondly, why is there no *popular* press in Italy? And thirdly, why is the Italian press not *independent*? Each of these questions is polemical, and, as such, they will be examined in turn to see what lies behind them.

The first question concerns the predominance of regional and pluri-regional newspapers in Italy and the fact that there is no equivalent of *Le Monde*, *The Times*, or *The Washington Post*. Why in Italy, it is asked, is there no paper with a genuinely national readership whose authority within the country is the basis for an international reputation?

Il Corriere della Sera has long aspired to this role. Founded in 1876 by a family of textile magnates, it established itself in the economic boom of the early twentieth century, attaining, under the editorship of Luigi Albertini, sales of 300,000 copies. However, *Il Corriere* has always kept its headquarters in Milan and its circulation has been concentrated in Lombardy, which in 1971 accounted for 66 per cent of the total. Giovanni Spadolini recalls that when he was editor he felt the Milanese patriotism of the owners, the Crespi family: 'I went to Rome six or seven times a year; more frequently than Albertini, who went three or four times a year. And every time I went, I provoked a sense of irritation in the Crespis, who did not want the editor of their newspaper contaminated by the capital' (Porter, p. 121). Change of ownership and a more national orientation have helped *Il Corriere della Sera* to re-establish itself as the leading paper in terms of sales (with a circulation of over 900,000 in May 1994) and reputation, but the regional bias remains.

For *La Stampa*, the problem is even more serious. Based in Turin and with a circulation of over 400,000 in 1990, its readership has been declining. Furthermore, the vast majority of readers live in Piedmont, and the identity of the paper is bound up with this region and with the Piedmontese owners, the Agnelli family, who also have a controlling interest in the Fiat motor company. Symptomatically, an attempt by *La Stampa* to hive off the pages of *cronaca cittadina* or 'city news' met with a wave of protest and had to be abandoned.

There are papers that are regional and do not have a national distribution. In central Italy where *Il Resto del Carlino* has a circulation (number of papers actually sold) of about 233,000 in Bologna and the surrounding region, while *La Nazione* (with around 205,000 in 1992) is bought mainly in Tuscany. In Campagna there is *Il Mattino* (circulation of 166,000 in 1992), based in Naples and in Puglia there is *La Gazzetta del Mezzogiorno* (82,000).

Apart from these pluri-regional or regional papers, each city or major town often has its own daily paper. Examples of this provincial press include *L'Arena* of Verona (56,000 in 1992) and *L'Eco di Bergamo* (61,000). Each covers the international and national news thanks to the use of news agencies and perhaps a Rome correspondent. Otherwise, the bulk of the pages consist of local news produced by staff reporters. Finally, there is also a press which comes out once or twice a week and which is exclusively local, covering such things as cattle prices.

The papers which, at least until recently, had the best claim to be national in that their circulation was evenly spread over the peninsula, were probably *L'Unità* (124,000 in 1992), the organ of the former Communist Party (now the Democratic Party of the Left), and *L'Osservatore Romano*, the official daily paper of the Vatican. Otherwise the paper with the most convincing national profile is *La Repubblica*, which had a circulation of 699,000 in 1990. Launched in 1976 and based in Rome, it did not have the disadvantages of age of *Il Corriere della Sera* or *La Stampa*: it was not associated with a particular region or city, nor did it have an older generation of readers bent on preserving tradition. *La Repubblica* identified a younger generation with new sets of cultural and political demands as its potential readership. Then from 1984 it decentralised its production, taking advantage of the new technologies in order to produce regional editions, enabling readers in Milan, Rome, Turin, Bologna, Florence or Naples to read the same paper but with an insert of several pages with information (political, cultural, sporting, etc.) on their own city and region.

Whether *La Repubblica* now qualifies as *the* national newspaper is a moot point, however, as its sales have slipped back from its peak when it overtook *Il Corriere della Sera*. What is clear is that, historically, the Italian press has a strong regional character, and that this continues to be the case.

This regionalism derives, in part, from Italy's lack of a metropolitan capital comparable to London, Paris, Berlin or Tokyo from whose central position the rest of the country could be dominated. Whereas Rome is the political capital and seat of government, Milan is the economic and cultural capital. While many party papers have been based in Rome (*Il Secolo d'Italia*, *L'Unità*, *La Voce Repubblicana*, and so on), there are more major daily papers based in Milan (*Il Corriere della Sera*, *Il Giornale*) including the financial press (*Il Sole-24Ore*), and nearly all the new papers founded since *Il Giorno* in 1956 have their headquarters there.

Described in a way that stresses positive attributes rather than lacks or inadequacies, Italy can be seen as a country of multiple urban centres which have not only maintained their identities but which are currently reclaiming their distinctive traditions in the name of greater self-government. *Il Resto del Carlino*, for instance, interprets this spirit with its column written in dialect, its campaigns over Bologna's heritage, and coverage of business initiatives, notably the Fiera. If regions become more powerful both as centres of government, taxation and economic activity, then the *raison d'être* of this kind of press is enhanced.

The question about the national press thus has a spatial dimension: 'what geographical area is represented through the press?'; 'Does "Italy" exist in print?' But the spatial issue also concerns the rootedness of newspapers in Italian society, and this raises the second set of questions: 'Just how deeply implanted are *Il Corriere della Sera* or *La Repubblica* in the national life if they are only read by a small minority?'; 'Why are there no papers that are popular in format and readership?'

3

The figures are striking. Between 1915 and 1980 the readership of the daily press remained constant at around five million. A survey of 1956 found that 64.5 per cent of the population never read anything at all. And while the situation improved, notably during the 1980s, so that by 1990 some six and a half million Italians were buying a daily paper, the readership pattern was still regionally skewed. Whereas the ratio was one paper per 6.6 inhabitants in the North (7.4 in the Centre), it stood at one per sixteen inhabitants for the South. Comparative statistics continue to show Italy falling behind other countries in newspaper readership.

The situation for the earlier period is easier to understand. Outside the main cities, Italy was predominantly a country of peasant cultivators until the 1950s. There were high rates of illiteracy, especially in the South and country areas. Dialect was prevalent in everyday communication for 82 per cent of the population in 1956. Urbanisation was still limited and the communication system (post, roads) slow and often inadequate. There was also considerable poverty. Italy, in other words, was simultaneously an advanced industrialised nation producing cars and typewriters of the highest quality, and an 'underdeveloped' one.

The situation is more difficult to understand for the period after the introduction of schooling to the age of fourteen. By 1968, according to the calculations of Angelo Del Boca, some nineteen million Italians (excluding those under fifteen, the illiterate and semi-literate, and the unemployed) *could* read a daily newspaper, but chose not to.

Various explanations have been offered. Some, like those of Tullio De Mauro and Maurizio Dardano, focus on problems of language, looking at the way many Italians did not feel at home with the national language even if they could speak it, and at how newspapers made no attempt to make themselves more accessible. The opacity and abstractness of bureaucratic and political discourses were said to be reproduced by journalists who should have been translating these sectoral languages into a journalistic prose comprehensible to the widest number of people. Others, like Paolo Murialdi, point to the vested interests that prevented publishers from launching popular papers back in the 1950s, when weekly magazines proved that a wider readership could be reached. Because they were protected by the State, they had less need to expand their market. When an attempt was eventually made to emulate the *Daily Mirror* with *L'Occhio* in 1979, it was poorly executed and quickly ended in failure. Finally, there is feminist analysis, according to which low readership is correlated to the traditional exclusion of women from public life in Italy; as Milly Buonanno has argued, newspaper readers are predominantly male, and women constituted 70 per cent of the category of 'non-readers' in a 1980 survey.

It still remains an open question as to whether a popular paper, the equivalent of the *Bild-Zeitung* or the *Sun*, could be successfully launched in Italy. However, the press in Italy is structured so that the division between 'quality' broadsheet and 'popular' tabloid papers along British lines is inconceivable. Firstly, because a regional and local identity and its newspaper representation cut across the divisions of social class. Secondly, because 'popular' areas of reporting, such as crime and sport, are covered by the Italian press in a different way.

Sport, which in Italy means football above all, is massively covered in the press, with

4

regional and local publications giving special attention to their teams. There are also three daily sports papers, *Il Corriere dello Sport* and *La Gazzetta dello Sport*, whose Monday editions (following the Sunday matches) respectively sold 511,000 and 809,000 copies in 1990, and *Tuttosport*, based in Turin. In the 1950s there were actually four such papers. As for crime stories, these constitute the backbone of local news, whether in *Il Corriere della Sera* or in *L'Arena di Verona*. Indeed, it is noticeable in Italy that crime stories, usually murders, are covered by the national television news even when the individuals involved are not famous.

By looking at these two genres, crime and sports reporting, it is possible to identify elements of what elsewhere would be called 'popular journalism': the focus on the personal and 'human interest' story; the aim (characteristic of melodrama) to elicit emotional responses, whether of disgust, amazement or exhilaration; the deployment of idioms and expressions of everyday language; the use of graphics and layout (shouting headlines, bold typefaces) for maximum impact. It has even been suggested by sociologists of journalism that the hard-and-fast distinction between 'high' and 'low', 'quality' and 'popular', is too simplistic, and that the storytelling mode, which is especially evident in crime reporting, 'unites journalism and popular culture' (Dahlgren and Sparks, p. 14). In the Italian case, there is no popular press as such, but elements of that kind of journalism are found in different formats.

Yet even if sports papers and magazines are included, it remains largely true that Italians, on average, are not a nation of readers. Nations of newspaper readers were formed in the nineteenth century when the spread of literacy and the emergence of a popular press went hand-in-hand in certain countries. In Italy this was not the case, and only an elite readership was formed. In the second half of the twentieth century, when the majority of Italians became literate, the newspaper had ceased to have a monopoly of information, thanks to radio and (more importantly) television. Furthermore, when television massively increased its presence in national life as a result of commercial development in the 1980s, it seized the mass advertising market that would in other circumstances have been the natural money-spinner for a popular daily. Ultimately, it could be said, television in Italy has occupied the entire space that in some other countries is shared with the popular press.

The third question, 'Why is the Italian press not independent?', refers to the relationship between newspapers and centres of power. It is frequently argued that the Italian case is anomalous because the press is not a properly autonomous force.

For analytic purposes, this question can be treated in terms of factors external to journalism that have created forms of dependence, and those internal to journalism. In turn, the external factors can be subdivided into political institutions and parties on the one hand, and economic groups and forces on the other.

The relationship between newspapers and politics in Italy goes back to the time of Unification, but for the contemporary period a crucial moment was the formation of a party press in the late nineteenth century, notably the Italian Socialist Party's *Avanti!* Since then every political organisation from the Anarchists (*L'Umanità Nuova*) to the Neo-Fascists (*Il Secolo d'Italia* is the organ of Alleanza Nazionale) and Republicans (*La Voce Repubblicana*) have or have had their daily paper. An extensive Catholic press, more locally based in its reporting and circulation, also emerged about a century ago, when a Catholic subculture took root, particularly in the North-East, and has survived the demise of the subcultures of the Left, thanks to the relative power and influence of the Church. However, the party press was already in decline before the crisis of the First Republic (1992-94) removed first its sources of funding and then its *raison d'être*. Only *L'Unità* continues, a shadow of its former self.

The party press was significant largely for channelling and forming opinion *within* the parties themselves. More important for influencing wider public opinion (at least that of newspaper readers) has been the commercial press, represented by papers such as *Il Corriere della Sera* or *Il Mattino*. Particularly in times of sudden change, when readers are looking for guidance and when political figures are seeking to construct new alliances and to win over support, these newspapers have played a notable political role. In an earlier period of stability, however, they acted as a medium whereby politicians spoke to one another in a coded language impenetrable to anyone outside the charmed circle. In the words of a celebrated article by Enzo Forcella:

A political journalist in our country can count on around 1,500 readers - ministers and under-secretaries (all of them), members of parliament (some of them), party leaders, trade union officials, high prelates, and some industrialists who want to be informed. The rest do not count, even though the paper sells 300,000 copies ... . The whole system is based on the rapport between the political journalist and this group of privileged readers. If we lose sight of this factor, we cannot understand the most characteristic aspect of our political journalism, perhaps of Italian politics in general - the feeling of talk within the family, with protagonists who have known each other since childhood. (Porter, p. 10)

This rapport between journalism and *partitocrazia* is related to the way politicians have become journalists and vice versa. The career of Giovanni Spadolini is emblematic; editor of *Il Corriere della Sera*, he became leader of the Partito Repubblicano Italiano and then prime minister.

Political interference and efforts to condition the press in Italy are perhaps especially associated with the Fascist period; and when in the early 1970s a journalist was imprisoned on political grounds, the charges of anti-State incitement were straight out of the Rocco Penal Code. The infiltration of the press by secret-service agents and covert funding were just two of the forms of political instrumentalisation that were commonly adopted during the Cold War. Yet the continuities with Fascism also appeared in measures designed to protect newspapers; for example, the state subsidies instituted in the mid-1970s bailed out an industry in economic difficulties, while the ceiling on public television advertising regulated competition in favour of the older medium. Particularly significant was the vote by political parties and the journalists' trade union in 1944 for the maintenance of the *albo dei giornalisti*, a piece of corporativist legislation that limited access to the profession to those admitted via examination to the *albo* or 'list'. Together with a law passed in 1963, which made journalism into a profession equivalent in statute to the law or medicine, this created a situation described, with a note of horror, by an American scholar:

From the moment he steps into the examining room for the final test of his professional competence

... the journalist is tied to civil authority at almost every turn. Government defines the profession; government gives its corporated decisions the force of law; government protects the people in it from outside competition. (Porter, pp. 71-2)

Subservience to government was certainly considered a characteristic of most of the Italian press in the period between 1947 and the early 1970s, though such a description oversimplifies the relationship. The majority of influential newspapers were controlled by companies, not by parties or government. Through newspapers, generations of entrepreneurs in Italy have sought to exercise their influence. The Agnelli family is but one instance. Behind virtually every paper there is a controlling group whose interests lie outside publishing. The Central Italian *Il Resto del Carlino* and *La Nazione*, for example, were bought up in 1966 by Attilio Monti, head of a petroleum and sugar group which still owns them. The newspaper, for these companies, is not so much a financial investment in which profitability is the criterion of success (often losses are sustained over several years) as a voice in public affairs. In the narrowest sense, this can entail trying to influence policy- and decision-making that directly affect a company's position (tariff control, for example). Certainly *Il Sole-24 Ore*, which is the mouthpiece of the Confindustria, the industrialists' organisation, speaks up for business interests. In a broader perspective, this means orienting public opinion in a given direction (e.g. in relation to ecological issues). Newspapers are, in a general sense, subject to the interests of their owners. Yet exactly what this implies in practice is not so easy to establish. Perhaps in moments of crisis and conflict resulting from a takeover or the sacking of an editor, the role of owners is thrown into relief; cases include the sacking of the editor of *L'Indipendente* within a few months of its launch in November 1991 as a paper that really would be *independent* with respect to its economic backers and to the political world. The new editor quickly turned it into a pro-Lega Lombarda publication. Then there was the clash between Paolo Berlusconi (brother of Silvio) and Indro Montanelli, founding editor of *Il Giornale*, which ended in the latter's resignation from the paper in February 1994.

Constraints on newspaper independence appear as 'external' precisely at such moments, though the owners are never in fact 'on the outside', thanks to daily telephone calls, regular meetings, and so on. In the normal course of things, and especially since the mid-1970s, when a more hands-off approach was adopted by most owners in response to journalists' campaigns for greater control of their work situation, journalists rarely find themselves openly censored or told what to think. Instead, it is claimed, threats to independence are now covert not overt, and the external pressures have changed and have become internalised by journalists.

The infernal incarnation of this new development is television, while its heavenly embodiment is computer technology.

The computer terminal can bring advantages: direct inputting by the journalist and therefore (potentially) greater control over what gets printed; access to massive data banks; speed of communication and transcription with use of the modem. But there are also dangers; not least, that articles can be put together entirely in the office using information from agencies and other sources (e.g. press releases). As a consequence, the number and importance of sub-editors increases at the expense of the traditional on-thespot reporter, diminishing the role of the person seen as the linchpin of the profession.

There is a symbiosis between the new technologies and television, in that they are both said to undermine the relationship between representation and reality which the press has mediated in the name of the reader. However, the effects of television on the press are described as uniformly deleterious. It is not just that television puts a premium on entertainment values (i.e. making news into a spectacle for consumption), or that it privileges visuals, so that a story is not reported unless accompanied by pictures; nor just that television has overtaken the press in speed of reporting, establishing itself as the chief source of news for the majority of Italians. As Alberto Papuzzi has observed, the problem is that the press in Italy has allowed television to set its agendas so that anything in the *telegiornale* has to be covered in the morning edition. It has also tried to become more 'entertaining', symptomatically giving extensive coverage to television personalities and 'events'. Instead of pursuing what they do best (e.g. in-depth reports or *inchieste*), journalists from the editors down have tended to internalise the values of a 'television culture' at the expense of their own independence.

The question of newspaper independence and freedom has therefore been fundamentally revised in the context of wider cultural and technological changes. The newspaper is simply not the voice in public affairs that it once was; the era in which the editor of *Il Corriere della Sera* became prime minister has been replaced by one in which the prime minister is a television mogul. The future, moreover, is the multi-media highway, which will undoubtedly transform the nature and relationships between the media, the press included.

The problems faced by Italian newspapers and journalists are common to those of other countries, especially as regards the use of new technologies. Television, too, is an international phenomenon with which the press has to come to terms. There are, none the less, characteristics that distinguish the Italian press, especially when compared to that of Britain or the United States. Above all, it has had a privileged relationship with the State, political parties and institutions, on which it has often depended for protection and collaboration. By contrast, the Anglo-American model has been market-driven so that, even if political functions have been important, commercial criteria (sales and advertising revenue) have been prevalent. As a consequence, the models of journalism have also diverged; above all, politics and political criteria have been more prevalent in Italy, defining the terms in which press independence has been conceived.

Choice of texts

The difficulties of making a selection of texts from Italian newspapers for a book like this can be imagined. One hundred and four daily papers are listed in the *Repertorio della stampa quotidiana edita in Italia* (1991). The newspaper, moreover, is not a single homogeneous text, but each page is a mosaic of different texts, combining the printed word, graphics and photographs. How does one even begin?

The approach adopted here should, first of all, be defined by what the selection is *not* trying to achieve. It is *not* attempting to be comprehensive or representative: the texts are mostly taken from the leading dailies in terms of circulation, national presence and news coverage (notably, *Il Corriere della Sera*, *La Stampa*, and *La Repubblica*); there are also writings by journalists in the form of a manual and a short story, while some of the pieces are taken from weekly magazines; there are also examples taken from the satirical press. Nothing has been included from the Italian equivalents of women's magazines (*Annabella*, *Grazia*), nor from the male domain of the sports press. It was decided, moreover, to limit the selection to domestic items, excluding foreign reporting.

The rationale of the selection is not to be found, therefore, in representativeness or typicality. Rather, it springs from some of the key questions and themes addressed by studies of journalism and the press. Hence the organisation of the texts into three parts: 'Journalism and journalists', 'Genres', and 'News events'.

Part I is concerned with the figure of the journalist and takes its lead from the sociology of the profession, which has examined journalists as a group with distinctive working practices, ethos and *esprit de corps*. In the public eye in Italy the journalist is synomymous with the *grandi firme*, the big names such as Enzo Biagi or Giorgio Bocca, who have not only been writing in leading papers and magazines since the 1940s but regularly appear on television, sometimes with their own programmes. Their photographs often accompany their columns. The 'name' has some of the qualities of a brand in that it is instantly recognisable, distinctive, and a sign of value and reliability. Within the profession, it designates an example to be emulated or challenged. The Giampaolo Pansa piece on Giorgio Bocca ('Il martello di Giorgio') can be read in this light; for Pansa, Bocca's signature is a guarantee of independent journalism.

The *grande firma* is often an author of books as well as of articles; Oriana Fallaci's are bestsellers, as are the histories written by Montanelli or the Italian journeys of Bocca. By contrast, the average *cronista* or 'reporter' (the English term is frequently used) has the status of 'artisan' rather than 'artist'. Until the 1970s, their articles were not even signed, and although there is no longer that formal anonymity today, the names will mean something to other journalists rather than to the public at large, who will read them as if written by the newspaper itself. The reporter, however, is still considered the foundation-stone of journalism, and the examinations of the Ordine dei Giornalisti that open the door to the profession to successful candidates put a premium on this role (see Silvano Rizza, 'La cronaca e il cronista'). It is the reporter who is said to have direct contact with the reality of the news: who is at the scene of the bombing, who investigates the conditions of the illegal immigrant, who does the rounds of police-stations to get first-hand accounts of the latest murder. While the romance of journalism is associated with the special or foreign correspondent (Igor Man's 'Knickerbocker non vola più'), gritty realism and contact with the hidden realities of the city are the domain of the *cronista della nera*, or crime reporter. The work of the reporter, moreover, has until recently been envisaged as a male domain and women, as Natalia Aspesi explains, have had to fight to redefine journalism as a profession and way of seeing the world ('Intervista a Natalia Aspesi').

The individual voices of the journalist are recognised in law but the collective voice of the newspaper, the chorus, is predominant in the press. 'House style' is one of its hallmarks. Sometimes this is spelt out in the form of the *decalogo* or 'Ten Commandments' issued by the editor; at other times by less formalised procedures overseen by the sub-editor. The discussion of Arrigo Benedetti's *decalogo* is instructive in this sense, and addresses the problem of how a paper must simultaneously produce conformity to linguistic standards and yet avoid stock phrases. It also provides an insight into the role of editors in making papers (more or less) in their own image, a theme further illustrated in Piero Ottone's reflections on his time at *Il Corriere della Sera*.

Part II, 'Genres', groups texts together into three categories: *cronaca nera, inchiesta*, and *vignetta*. Each of these is distinguished by common factors such as subject-matter, style and professional specialisation.

Cronaca nera usually has several inside pages to itself in the national and local news sections. Until the late 1960s it was not unusual for crime stories to appear on the front page, and the *cronisti* of this genre were more numerous, representing the archetypal jobbing journalist. Subsequently news of a murder or similar crime would not get such attention unless involving a public personality (Pasolini's murder, for instance) or exceptional features, such as serial killing. *Cronaca nera* can include a whole range of stories, from the most horrific to the most bizarre. The category *reati* ('crimes') in the general index of *Il Corriere della Sera* for 1969 included the following: 'reati bische, reati contrabbando, reati dinamitardi, evasioni, falsari, furti, mafia, maltrattamenti'. Easily the longest list, though, was 'reati omicidi', and the cases selected here mostly fit into this category. Apart from reconstructing the acts themselves, the reports describe environments, portray the individuals concerned, investigate motives, and even discuss their wider social significance ('Non sono un mostro' interestingly appears in *Il manifesto*, a paper characterised by the absence of *cronaca nera* and sports reporting).

The *inchiesta*, or in-depth report, differs from *cronaca nera* in many respects, not least in that it can take weeks or months to undertake and involves interrogation of the sources of information, whereas crime reporting is a day-by-day routine in which the word of the police or judges is seldom questioned. Indeed, the resources, especially of time, needed by *inchieste* has meant that weekly magazines rather than daily papers tend to publish them. Commentators such as Alberto Papuzzi and Angelo Agostino lament the decline of the newspaper *inchiesta* (those chosen here come from *Panorama* and *L'Espresso*). *Inchieste*, moreover, enjoy a high status and it is notable that the *grandi firme* frequently made their names through this form of reporting; Bocca's articles on Italian cities in the period of the economic miracle written for *Il Giorno* are a celebrated example (see the extract on Turin); Gad Lerner (now in his forties, whereas the Bocca/Biagi generation is in its seventies), who is currently deputy editor of *La Stampa*, is known for his *inchieste* (see 'Il clandestino').

Inchieste are of different types. There is the detective model: the investigation into the death of the bandit Salvatore Giuliano by journalists of *L'Europeo* in 1950, later the subject of a film by Francesco Rosi, is a classic case; in this volume, the inquiry by Oriana Fallaci into the circumstances surrounding the murder of Pasolini illustrates the first stages of such an *inchiesta* (questioning of police sources, use of eye-witnesses, reconstruction of the event leading to new questions regarding motives). However, the other *inchieste* selected here represent investigations into social phenomena, in this instance immigration: immigration from southern Italy of *meridionali* in the years of the economic miracle, immigration from Africa and other areas of the world in the 1980s.

The subject-matter is ideal for this kind of journalism in that it involves a social process about which there is a lot of opinion, prejudice and ignorance, but a shortage of hard information, and little is known about the experiences and ideas of the immigrants themselves. The issue is in the news and is 'newsworthy' thanks to political debates and legislation (for example, the *legge Martelli* of 1987, which introduced tighter controls on immigration) reported in the daily press, and this provides the motivation for *inchieste* that 'look behind' the news story at 'what it is really happening'. There is a considerable difference, though, between reporting that is 'objective' in orientation, seeking to provide facts, figures and expert opinion (*Panorama* report 'Vu' emigrà?), and the 'subjective' account that tries to communicate the experiential dimension of what it is like to be an illegal immigrant in Italy (*L'Espresso* report 'L'Italia e il razzismo').

Vignette constitute a genre that usually combines word and image. On the whole they consist of caricatures of public personalities, especially politicians, taking their cue from the latest news event (a resignation, a vote of confidence, a gaffe, but also an invasion or declaration of war). Forattini's work, which has appeared on the front page of *La Repubblica* almost daily since 1976, along with Giannelli's for *Il Corriere della Sera*, illustrate the way *vignette* comment on a news story and, in turn, make sense in the context of particular headlines and accompanying articles. In fact, the prominence of *vignette*, and of the *vignettista* (see the *vignetta* in which Forattini depicts himself as puppet-master and where he confronts his editor saying: 'This time it's your turn!'), could be one of the distinctive features of the Italian press.

The *vignette* chosen here have been put into two groups: firstly, those which caricature politicians, and, secondly, those which comment on contemporary realities without being closely tied to particular news events. The *vignette* are also accompanied by portraits in writing, which should help provide a context for examining the pictures.

In the first group, there are *vignette* that have Giulio Andreotti and Silvio Berlusconi as their prime targets. Andreotti is chosen as the archetypal representative of the First Republic, a man at the centre of public life for four decades, around whom a particular iconography has grown up (Andreotti as Beelzebub, as *mafioso*). A portrait in words by a journalist/biographer gives an insight into the difficult relationship between the man and the image ('Giulio, ultimo atto'). Berlusconi, on the other hand, is chosen as a figure who, in 1994, was new to politics, though he was a household name on account of controlling three television channels. He represented a new target for cartoonists who were weary of depicting the politicians of the old regime while being sceptical of Berlusconi's claims. Berlusconi's evident attractions for the satirist are entertainingly evoked by Michele Serra.

The second set group of *vignette* are by Francesco Tullio Altan and distinguish themselves by their tangential bearing on everyday politics. Politicians as such are not usually caricatured; invented characters discuss the human condition *all'italiana*. Their atemporal philosophising is rooted, however, in everyday life, expressing a profound scepticism in the face of ideologies of any kind and power in any shape or form. Not surprisingly, Altan has tended to work for weekly magazines and not newspapers. The interview with him included here shows a man who keeps his distance from the world of politics.

Part III, 'News events', is subdivided by news events: the death of Stalin in 1953, the

11

Piazza Fontana bombing of 1969, and the Mario Chiesa scandal of 1992.

The news event is the event that is selected as news because it meets a newspaper's criteria of news values. This statement appears tautological. However, sociologists of communications have shown how there are patterns behind the selection process whereby certain phenomena are likely to be reported and others not. Very occasionally, in the post-war period (under Fascism, of course, there were directives about what to report), selection has been overtly political; for example, in 1978-81 attempts were made to 'black out' news of Red Brigade communiqués. Otherwise, selection has followed a journalistic logic, depending on how events affect readers, how a paper is able to cover a particular story, and so on (for a hard-nosed view of foreign news reporting, see Igor Mann's short story below).

The events considered here have a historical importance of which contemporaries too were aware.

The death of Stalin did not take the press by surprise since he was known to be seriously ill, and it was ready with assessments of his historic role (the pre-prepared obituary in Italy is known, interestingly, as the *coccodrillo*). In Italy in particular Stalin's death had a deep resonance, given the massive presence of the Italian Communist Party and the virulence of a Cold War in which the Catholic Church was an active combatant. The reports in the press reflect the ideological rifts dividing Italians: *Vie Nuove*, the PCI weekly magazine, is positively hagiographic; *Il Corriere della Sera* uses the history of the Russian Revolution against Stalin (and, by implication, against the PCI leader, Togliatti); *L'Osservatore Romano* openly denounces Stalin's legacy for Catholics.

The bombing of the bank in Piazza Fontana, near the cathedral in Milan, left an open wound that festered over the following decade - a decade marked by political violence. Who planted the bomb that killed thirteen people? For *Il Corriere della Sera*, it was the anarchists and the extreme Left that were responsible; this is evident from the very first reports, before any official charges were brought. The assumption of guilt was based on political preconceptions rather than hard evidence, and on an entirely uncritical attitude towards the police and magistrates. Not perhaps until Piero Ottone became editor did *Il Corriere della Sera* recover its good name. Indeed, the role of papers like *Il Corriere* scandalised a whole section of journalists, including the likes of Scalfari, Bocca, Pansa, Cederna (see *Una finestra sulla strage*) and a younger generation of journalists, who started to campaign for a more democratic press.

The Piazza Fontana news story is still running. After three trials, no one has yet been found guilty, although the mass of evidence suggests that Neo-Fascists and elements of the secret services were involved. It is a political mystery that has given rise to a number of *inchieste*. It is also one of those events that have been remembered through anniversaries, even twenty years later (see 'Una bomba che colpì'). The meaning of the bombing for young Italians is another matter, and a report suggests that they 'rewrite' the past (attributing responsibility, for instance, to the Red Brigades when they didn't yet exist), making a mockery of historical memory (see 'Ore dieci tutti a lezione di strage').

The Mario Chiesa scandal was, in itself, a rather paltry affair. A rising star of the Socialist Party was caught red-handed taking a *tangente*, or rake-off, from a contract with a cleaning company issued by a public body. It was not the first time that a public official had been found guilty of corruption. However, a set of circumstances conspired to transform this minor episode into the pistol-shot that provoked a political avalanche. The general context was one in which the rise of the Northern League in Lombardy threatened the old political establishment in Milan and helped make public opinion highly critical of politicians, while the magistrates of Operation *Mani pulite* demonstrated exceptional ability in tracking down evidence and making culprits confess. Then, Chiesa himself was a close associate of the son of the Secretary of the Socialist Party, Bettino Craxi, and was at the centre of fund-raising activities. By catching Chiesa, the magistrates began to discover a whole system of corruption. It was the start of *Tangentopoli*, the scandal that sealed the fate of the First Republic.

There are two examples of satire included in this section ('Craxi non ha più una lira' and 'Cos'era il PSI') that require comment. The first is what Italians call a *falso*, or fake. A well-known journalist reports on Bettino Craxi, former prime minister and leader of the Socialist Party (PSI), and his new life as a repentant sinner. The second is an extract from an authentic document, Edmondo De Amicis's paean to the PSI (dated 1896). Both appear in satirical publications and have an ironic purpose in juxtaposing ideals and realities. This savage humour articulated a diffuse distrust of the 'political class' in Italy at the time.

This detour into satire usefully points to the mutability and artificiality of genre distinctions. Genres are born and die, or, more frequently, mutate and form hybrids. Yet genres are indispensable in that they guide the reader through a mosaic of texts that would otherwise be confused and confusing. If a *particular* news event (a murder, for example) is unpredictable, it is predictable that certain events will be reported on the front page and others in the *cronaca cittadina*. (And the greater the importance of a news event, the more not only the coverage but the types of coverage, as illustrated by the Piazza Fontana case.) The reader needs this familiarity with the layout in order to be free to browse and to wander through the newspaper, starting perhaps with the front-page headlines, and going on to the sports page before reading the editorial or favourite columnist.

By analogy, this book on the press can be read in a variety of ways. But whereas with the daily paper we usually have a lot of contextual information already (thanks to reading it the previous day or to watching television), the stories presented here are distant in time and place. Hence the importance of the various aids: this Introduction that gives a general overview, the contexts that precede each text providing details of the source and its relationship to ongoing events, the notes that explain expressions or allusions that might escape the reader, and, finally, the exercises that ask questions designed to stimulate analysis and investigation.

At another level, *Italian journalism: a critical anthology* is a meta-book or a model designed to help readers read their daily newspaper with new eyes. If she or he is stimulated to identify particular journalists, to compare the layout of, say, English and Italian papers, or ask questions about who owns them, then the book will have achieved part of what it set out to do. However, it should be emphasised that the press needs to be systematically studied as a social, cultural and political phenomenon. Otherwise it will simply remain a quarry for those searching for 'authentic teaching materials' or historical documents with no sense of what distinguishes this kind of text.

A guide to further reading

Leading Italian journalists are prolific writers of books and many of their articles are published in collections. Giorgio Bocca is outstanding in this respect and is worth serious attention; his *La scoperta dell'Italia*, Bari, 1963, was among his first 'journeys' through Italy; *L'inferno. Profondo sud, male oscuro*, Milan, 1992, is an extended (and much criticised) report on the 'Southern Question'; *Noi terroristi*, Milan, 1985, is an important set of interviews with left-wing terrorists; *Il provinciale*, Milan, 1991, is Bocca's autobiography. As an interviewer of the famous and infamous few can equal Oriana Fallaci's *Intervista con la storia*, Milan, 1974. For an editor with a special relationship with his readers, see Indro Montanelli, *Caro direttore*, Milan, 1991. For a fascinating travelogue, see Alessandro Portelli, *Taccuini americani*, Rome, 1991. For an exemplary *inchiesta*, see Giovanna Pajetta's study of the Lega Lombarda, *Il grande camaleonte*, Milan, 1994.

Contemporary commentaries by journalists on the Italian press tend to be polemical; a classic case is Gianpaulo Pansa, *Carte false*, Milan, 1988. An exception is Alberto Papuzzi's *Il manuale del giornalista*, Rome, 1993, a balanced and informative critique of the state of Italian journalism. William E. Porter's *The Italian Journalist*, Michigan, 1983, provides a useful account in the light of the American situation. A corrective in terms of discussing the role of female as well as male journalists is the section 'Le giornaliste in Italia: molta visibilità, poco potere', in *Problemi dell'informazione*, September 1993, pp. 271-95; also Milly Buonanno, *L'elite senza sapere*, Naples, 1988. For an analysis of the journalistic *inchiesta*, see Angelo Agostini, *Dentro la notizia*, Milan, 1988. The language of Italian journalism has been analysed by scholars of linguistics; the authoritative study, Maurizio Dardano, *Il linguaggio dei giornali italiani*, Bari, 1986, is rather dated in its examples but has a useful appendix on Anglicisms; otherwise there is Mario Medici and Domenico Proietti (eds), *Il linguaggio del giornalismo*, Milan, 1992; Paolo Murialdi's *Come si legge un giornale*, Bari, 1986, remains useful. For a guide to terminology, see Carlo De Martino and Fabio Bonifacci, *Dizionario pratico di giornalismo*, Milan, 1990. For a satirical look at how journalism has evolved, see Michele Serra's writings, notably *Visti da lontano*, Milan, 1987, and *Il nuovo che avanza*, Milan, 1989. The best source of up-to-date information and analysis is the quarterly media journal *Problemi dell'informazione*, while details of circulation figures and news about the newspaper industry can be found in the monthly review *Prima*.

The most accessible history of the Italian press is Paolo Murialdi, *Storia del giornalismo italiano*, Turin, 1986. The best on recent developments is Valerio Castronovo and Nicola Tranfaglia (eds), *La stampa italiana, nell'età della tv*, 1975-94, Bari, 1994. Often more interesting than the general histories are the studies of particular periods or genres; for example, Mario Isnenghi, 'Il grande opinionista da Albertini a Bocca', in S. Soldani and G. Turi (eds), *Fare gli italiani. Scuola e cultura nell'Italia contemporanea*, Volume II, Bologna, 1993, or Adolfo Chiesa, *La satira politica in Italia*, Bari, 1990; on satire at the time of Tangentopoli, see Robert Lumley, 'The Last Laugh: *Cuore* and the Case of Political Satire', in Luciano Cheles and Lucio Sponza (eds), *The art of persuasion: political communication in Italy, 1945-1994*, Manchester University Press, forthcoming. For a comparative perspective on 'popular' forms of journalism, see P. Dahlgren and C. Sparks, *Journalism and Popular Culture*, London, 1992.

The history of the press and of journalism must, of course, be put in the context of broader historical events and processes. For a political and social history, see Paul Ginsborg, *A History of Contemporary Italy*, London, 1990; for the events surrounding and following the Piazza Fontana bombing, see Robert Lumley, *States of Emergency*, London, 1990; for a theatrical satire of events, see Dario Fo, *Morte accidentale di un anarchico*, ed. Jennifer Lorch, Manchester University Press, forthcoming; for the coverage of race issues, Carlo Marletti, *Extracomunitari*, Turin 1991; for the corruption scandals that destroyed the First Republic, see Stephen Gundle and Simon Parker (eds), *The New Italian Republic: From the Fall of the Berlin Wall to the Rise of Berlusconi*, London, 1995; for cultural developments, see David Forgacs, *Italian Culture in the Industrial Era*, Manchester, 1990, and Zygmunt Barański and Robert Lumley (eds), *Culture and Conflict in Postwar Italy*, London, 1990, also David Forgacs and Robert Lumley (eds), *Introduction to Italian Cultural Studies*, Oxford, 1996.

PART 1   Journalism and journalists

1.1   Extract from Piero Ottone, *Il buon giornale*, Milan, Longanesi, 1987, pp. 80–3.
Ottone is best known as the editor of *Il Corriere della Sera* who, from 1972, steered this
paper away from its traditionalist conservatism and on to a more pluralist course. *Il buon
giornale* consists of reflections on his experience as a foreign correspondent in London
and Moscow, and then as an editor.

Fino a ieri, i giornali erano organi di classe; erano, nella grande maggioranza,
strumenti della borghesia, nel senso che presentavano le notizie in un certo
modo, facevano riferimento a certi valori, usavano certi favori. I loro lettori li
consideravano una linea di difesa della forma di società in cui credevano. Non
era solo questione di interessi materiali, anche se la difesa di tali interessi faceva
parte del giuoco. Era questione di ideali, di usi e costumi, di princìpi morali e
religiosi che si volevano presidiare.

Ma quegli ideali, quei princìpi, quegli usi e costumi e quegli interessi non
erano condivisi dall'intera società; e coloro che non li condividevano, o ne
condividevano solo una parte, non si riconoscevano nei giornali borghesi.
Pertanto non li leggevano; e se qualche volta li leggevano, non ci credevano. È
questa una delle ragioni per le quali si vendevano, e tuttora si vendono, meno
giornali in Italia che in altri Paesi.

La crisi di sfiducia era profonda. Di una certa testata la gente semplice
diceva che era 'la bugiarda';[1] per altre testate si erano inventati nomignoli
altrettanto spregiativi: certo è che una parte della società non aveva rapporti di
fiducia con la stampa quotidiana. Così si spiega il successo che ebbe, dopo la
guerra, l'*Unità:* un giornale di parte, senza dubbio, un giornale disposto a
forzare la verità, ma per lo meno a forzarla, pensavano i lettori, in modo utile
alla loro parte. (Per essere più precisi, i borghesi moderati da una parte, i
comunisti dall'altra, non si accorgevano che i loro giornali forzavano la verità:
si identificavano con essi al punto da credere che dicessero la verità *tout court*).

Intorno al 1970 abbiamo voluto fare un nuovo tipo di giornale; non più un
giornale di classe, ma dell'intera società; non quello in cui tutti potessero
riconoscersi, perché rimanevano pur sempre fra i cittadini differenze culturali e
di gusto e di interessi, e nessun organo di stampa poteva accontentare tutti, ma
pur sempre il giornale al quale tutti potevano credere. Mi sembra, in tutta
sincerità, che l'obiettivo, sostanzialmente, sia stato raggiunto.

È vero che molti lettori di questo nuovo tipo di giornale, quelli tradizionali, protestavano, e parlavano di tradimento; a Milano si sono incollati i manifesti sui muri per denunciare il *Corriere* da me diretto. Ma trovavamo consolazione nel fatto che altri lettori, un tempo diffidenti, diventavano amici, e molti che prima non erano affatto lettori cominciavano a leggere: eppure, il giornale non era certo diventato comunista, ed era fiero della sua indipendenza. Il giornale non si rivolgeva insomma, ammiccando, o agli imprenditori o agli operai; cercava soltanto di rivolgersi a tutti i cittadini.

Passato lo shock della novità, mi sembra che ormai anche i lettori tradizionali, quelli che in un primo periodo si sentivano traditi, accettino il nuovo tipo di giornale. Non vi sono più contrasti; eppure, l'informazione oggi è molto più equidistante che per il passato, e le varie parti in causa[2] trovano udienza negli organi di stampa. Se è in corso una disputa sindacale, le organizzazioni operaie fanno sentire la propria voce non meno delle organizzazioni padronali; i partiti di sinistra sono seguiti dai giornalisti non meno di quelli moderati. La completezza dell'informazione è ormai una conquista.

Solo mi dispiaceva che gli oppositori del nuovo modo di fare il giornale ci accusassero di opportunismo: mi dispiaceva, perché non era vero. Secondo loro, avevamo tradito i buoni princìpi per interesse, e cioè per cercare favori a sinistra, o per conformismo, o per paura, o, per aumentare il numero dei lettori. È una *forma mentis*[3] illiberale quella che tende ad attribuire propositi ignobili a coloro che la pensano in modo diverso da noi; erano illiberali i nostri accusatori.

Il giornalismo di cui parlo è geloso della sua moralità; segue princìpi ben definiti, che non sono la difesa di una classe o di un'ideologia, bensì impongono il rispetto della verità; e quindi, come ho spiegato, di tutte le versioni che le varie parti offrono degli stessi avvenimenti, non di quella soltanto che coincida con le convinzioni di chi scrive o di chi legge.

Si può sostenere che le due forme di giornalismo rispecchiano due diverse concezioni della società. Il giornalismo tradizionale rispecchia la concezione autoritaria, secondo la quale chi comanda (il prefetto, il questore, il caporeparto, il professore a scuola) ha sempre ragione. Il giornalismo moderno rispecchia invece la concezione democratica, secondo la quale siamo tutti uguali, o per lo meno abbiamo tutti gli stessi diritti; e anche i cittadini comuni, gli operai, gli studenti possono avere ragione. La società autoritaria funziona abbastanza bene se è primitiva, entra in crisi quando il livello generale progredisce. La società democratica, d'altra parte, funziona bene solo se i suoi capi sanno guadagnarsi, grazie alle loro qualità, la fiducia e la stima dei subordinati, e se i cittadini comuni, gli operai, gli studenti sanno comportarsi con civiltà. Un buon esempio di società autoritaria è la Germania dell'Ottocento; un buon esempio di società democratica sono gli Stati Uniti.

1 'La bugiarda': 'the liar'; name given to *La Stampa*, which was widely regarded as the voice of the Fiat company.
2 Varie parti in causa: interested parties.
3 *Forma mentis*: mentality; way of thinking.

1.2   Extracts from *L'Espresso* magazine, 23 March 1992, pp. 71-4. A debate on journalistic language using Arrigo Benedetti's 'Ten Commandments' of 1976 as a point of reference. Benedetti, an innovative editor of weeklies such as *Oggi*, *Europeo* and – a publication he helped to found – *L'Espresso*, gave strict instructions about 'house style'. A subsequent generation of editors comment on their contemporary relevance (3 to 5 below).

Alcune delle norme stabilite per la stesura degli originali sono spesso dimenticate. Ne ricordiamo alcune.

Nei titoli si dovranno evitare le virgolette e i punti interrogativi e esclamativi. Dopo i due punti, segue la minuscola. In un pagina si può fare solo un titolo con i due punti.

– Le virgolette non devono essere usate per alludere a un significato diverso da quello proprio della parola; si useranno, invece, per le frasi tratte da lingue straniere, per i titoli di giornali, libri, riviste, raccolte, per i termini tecnici di qualsiasi lingua. Le parole tra virgolette vanno sempre in tondo.[1] Le parole straniere entrate nell'uso, come brain trust, dossier, establishment, sport, film, reporter, derby, flirt, nurse, etc. vanno sempre tra virgolette, queste vanno poste all'inizio della citazione, all'inizio di ogni capoverso successivo e alla fine della citazione.

– Nel discorso diretto, dopo i due punti e le virgolette segue la maiuscola.

– Le sigle vanno tutte in maiuscolo (es. PCI e non Pci) e senza punti intermedi (es. ANSA e non A.N.S.A.).

– Nell'enumerare in un testo più argomenti non si scriva 1) 2) 3) ma 1. 2. 3. seguiti dalla minuscola e concludendo il testo dei singoli paragrafi con punto e virgola.

– Po' per poco si scrive con l'apostrofo, non con l'accento.

– Si scrive se stesso e non sé stesso.

– Si scrive della 'Stampa', sul 'Trovatore', della Spezia e non del 'La Stampa', su 'Il Trovatore', de La Spezia.

– Le maiuscole vanno usate in modo parsimonioso (nome e cognome, città e nazioni). Sono sempre da evitare quelle reverenziali, sia per gli enti che per i loro titolari. Uniche eccezioni la parola Repubblica, quando ci riferiamo alla repubblica italiana, Papa e Presidente quando non sono seguiti da nome del papa o del presidente della Reppublica.

– Ogni servizio deve curare l'unificazione di alcuni termini (per es. laborismo e non laburismo; Mao Tse-Tung e non Mao Tse Tung; Teng Hsiao-Ping e non Teng Hsiao Ping).

– le congiunzioni ed e ad possono essere usate solo se collegano parole che cominciano rispettivamente per e e per a.

– Non si usano verbi inventati, come evidenziare, presenziare, potenziare, disattendere; o superflui come effettuare per fare, iniziare per cominciare; i francesismi come 'a mio avviso'; le frasi fatte[2] come madre snaturata, folle omicida, agghiacciante episodio, in preda ai fumi dell'alcool, i nodi da affrontare, nell'occhio del ciclone, l'apposita commissione, e gli aggettivi che servono a caricare d'infamia chi non ne ha bisogno, come il criminale fascista, l'infame dittatore.

1 Tondo: roman type.
2 Frasi fatte: stock phrases.

1.3   Paolo Mieli, 'Ah, le frasi fatte!'

'In queste righe c'è tutta l'attenzione di Benedetti per i particolari, il suo approccio al giornalismo dal basso verso l'alto: un approccio che solo chi controlla davvero il livello "alto" può permettersi'. Paolo Mieli, direttore della 'Stampa', si considera un allievo di Benedetti 'di terza generazione': 'Quando ho iniziato a lavorare all''Espresso' non era più lui il direttore, ma l'impostazione era la sua. Per questo leggere il suo ultimo regolamento mi ha commosso: soprattutto quelle due righe finali aggiunte a mano, una raccomandazione ancora attualissima'.

Ma condivide le sue indicazioni?

'Alcune sì, altre mi sembrano troppo rigide, Sono d'accordo per esempio sull'evitare di mettere i due punti in due titoli della stessa pagina, mentre la virgola spesso aiuta a ottenere frasi brevi e incisive. Per le virgolette, le parole straniere citate da Benedetti ormai sono entrate nell'uso, mentre non sono contrario a usarle per indicare una parola presa in senso figurato'.

E la regola finale sui termini da non usare?

'Sono d'accordissimo. La lotta contro i neologismi e le frasi fatte è una grande battaglia, che è iniziata ai tempi di Benedetti ma non si è ancora affatto conclusa. Bisogna ammettere però che queste espressioni si nascondono in ogni piega del giornale, è difficile scovarle. Io comunqe non ho mai dettato nessuna

20

regola di stile ai redattori della 'Stampa': ma forse è stato un errore, perché bisogna risolvere le questioni minute prima di dedicarsi ai grandi discorsi. Come faceva Benedetti'.

1.4 Angiola Codacci Pisanelli, 'Scrivi come mangi'

Il decalogo distribuito alla redazione di 'Paese Sera' da Arrigo Benedetti nel 1976, pochi mesi prima della sua morte, affrontava quella che, da sempre, è la domanda-chiave per il Quarto Potere:[1] come devono scrivere i giornalisti?

Alcune delle osservazioni di Benedetti, è stato osservato, appaiono datate, per esempio per l'evoluzione naturale della lingua italiana. Ma sono le regole dettate da un vero maestro del giornalismo, un intellettuale che a partire dagli anni Quaranta ha fondato e diretto, oltre all' 'Espresso', settimanali come 'Oggi' e 'L'Europeo'. E le domande che nascono dalla lettura di questo documento sono più che mai attuali. Tanto per cominciare, ci sono regole valide per tutti i giornali oppure ogni tipo di testata deve avere un modo di scrittura diverso? E il singolo giornalista può permettersi uno stile proprio o deve sacrificare la propria personalità per tendere a una distaccata obiettività?

In mancanza di soluzioni definitive, in questi anni di esplosione mass-mediologica, molte redazioni si sono dotate di 'codici' interni. Alcuni contengono solo indicazioni per l'uso della punteggiatura e delle maiuscole, altri danno anche direttive stilistiche. Tutti vengono regolarmente messi in discussione, criticati o, più semplicemente, disattesi. In alcuni casi dalle redazioni il manuale è arrivato in libreria: è accaduto al 'Manuale di linguaggio giornalistico' dell'agenzia Ansa, un best seller tra gli aspiranti giornalisti .

Anche all'estero il manuale di giornalismo vende bene: il 'Libro de estilo' del quotidiano spagnolo 'El Pais' nel '90 ha avuto tre edizioni in tre mesi. E come devono scrivere i giornalisti secondo questo 'libro di stile'? La risposta è disarmante: 'I giornalisti devono scrivere con lo stile dei giornalisti, non con quello dei politici, degli economisti o degli avvocati'.

In 500 pagine la 'Bibbia' del più autorevole quotidiano di Madrid spazia dai principi generali ai segni di correzione. Prima di tutto però stabilisce quali argomenti si devono trattare e quali invece vanno evitati. Un esempio: 'Il giornale non pubblica informazioni sulle gare di boxe eccetto quelle che riguardano incidenti dei pugili o che riflettono 'el sordido mundo' di questa attività'. Ed è l'unico tabù che 'El Pais' ammette di avere.

La maggior parte dei manuali di redazione, ed è il caso anche delle norme dettate da Benedetti, sono però opuscoli a circolazione limitata. A 'Panorama' si consulta ancora il cosiddetto 'gabbario', stilato una decina di anni fa da Giorgio Gabbi, allora redattore capo, per omogeneizzare la forma (virgole, virgolette, corsivo, maiuscole, eccetera) più che la sostanza della scrittura. All' 'Espresso' vige il 'codice Golino', redatto dal vicedirettore nel 1986. Sono dieci paginette che raccolgono le regole sull'uso di virgolette e segni di interpunzione. Per quanto riguarda lo stile, l'estensore si è limitato a bandire cacofonie e ripetizioni come 'da parte del partito' o 'diretto in direzione sud'.

Molto più dettagliato è invece il più recente tra i manuali interni dei quotidiani italiani, quello dell''Indipendente': trenta cartelle dattiloscritte che sono il condensato del giornale come lo vedevano il suo fondatore e primo direttore, Riccardo Franco Levi, e il vicedirettore John Wyles. Tra le altre cose si consiglia, o meglio si ordina, di iniziare l'articolo con una notizia, mentre è bandito l'uso della prima persona da parte dei redattori. Per chiarezza, il manuale riporta anche campioni di frasi da evitare ripresi da altri giornali italiani.

Tutti i manuali redazionali comunque concordano su alcuni punti: il primo compito di un giornalista è la chiarezza, non il 'bello scrivere'.[2] Ed essere chiaro significa usare frasi brevi, pochi aggettivi, pochissimi avverbi. Regole elementari, ispirate dal giornalismo anglosassone, che sono diventate legge per la prima volta a 'Panorama' quando ne diventò direttore Lamberto Sechi. 'Non ricordo esattamente quale fosse il mio "decalogo"', dice Sechi, 'ma i poveri redattori che ho seviziato se ne ricordano certamente. Il punto di partenza era che noi venivamo dalla Luna: dovevamo restare fuori dalla mischia e spiegare al lettore tutto, non dare mai qualcosa per conosciuto. E poi si doveva usare sempre un linguaggio corrente, senza frasi fatte e senza parole straniere inutili: ricordo ancora la sgridata che ho fatto a un giornalista che aveva usato "gli fece pervenire un messaggio" per dire "gli ha scritto"'.

Il risultato di questo controllo sullo stile era una scrittura omogenea per tutto il giornale: una formula che ha avuto un grandissimo successo ma che oggi nessun settimanale italiano segue più per non cadere nella monotonia: 'Ma anche nel vecchio "Panorama" le differenze tra i redattori si vedevano', dice Sechi. 'Chi era brillante brillava, chi non lo era, anche se seguiva alla lettera le regole migliori, rimaneva plumbeo'.

1 Quarto Potere: fourth estate: an expression referring to the press first used by Macaulay in the early nineteenth century.
2 'Bello scrivere': writing using an elaborate literary style.

1.5 Tullio De Mauro, 'Cronisti, dove siete?'

'I giornalisti italiani sono malati di burocrazia': è il giudizio del linguista Tullio De Mauro, che proprio per reazione ai difetti del giornalismo corrente ha fondato il mensile 'di facile lettura', 'Due parole'. E che in questa intervista, spiega perché nelle redazioni si scrive male.

Quali sono i difetti principali dei giornali di oggi?

'Basta sfogliare un quotidiano qualsiasi per vederli: mancano le espressioni dirette e concrete, i redattori prediligono un vocabolario astratto e burocratico, hanno il vizio di scrivere frasi troppo lunghe. Questo modo di esprimersi comunque è un difetto di tutti gli intellettuali, non solo dei giornalisti: i redattori sono solidali con il malcostume linguistico della classe colta italiana'.

E da dove nasce questa epidemia di brutto stile?

'La colpa è prima di tutto della scuola che non abitua a scrivere intensamente ed estesamente. All'università poi non si prende neanche la penna in mano. Molti giornalisti però si condannano da soli a non imparare il mestiere: nessuno ormai vuole fare il cronista. Ma se non sai raccontare senza errori come è stata rubata la partita di prosciutto dal salumiere all'angolo, come puoi spiegare le obiezioni della Corte dei conti[1] all'intervento finanziario in Irpinia? L'arte del ceramista, dicevano i greci, sta nel saper fare una ciotola. I giornalisti invece oggi vogliono fare solo tripodi firmati,[2] le ciotole sembrano poco dignitose'.

Non si salva proprio nessuno?

'Le eccezioni, ci sono, ma sono rare. Scrivono bene Enzo Biagi, Lietta Tornabuoni, Eugenio Scalfari, che però non sta abbastanza attento allo stile dei suoi redattori. Per formare dei buoni giornalisti bisognerebbe studiare queste eccezioni: scoprire per esempio chi ha insegnato a Biagi a fare periodi brevi. E farlo capire a chi non l'ha ancora imparato'.

1 Corte dei conti: National Auditor's Department.
2 Tripodi firmati: signed tripods, i.e. works of art with the artist's signature.

1.6 Extract from Silvano Rizza, 'La cronaca e il cronista', in G. Faustini *et al.* (eds), *Studiare da giornalista: teoria e pratica*, Rome, 1990, pp. 217–18. An official manual designed for those taking the exams that are the precondition to becoming a full-time journalist in Italy.

Il cronista è la figura-base in un grande media non tanto perché i resoconti dei minuti avvenimenti cittadini siano un veicolo obbligatorio di diffusione (giornali di qualità, all'estero, danno scarso peso alle notizie locali, come da noi i tg delle grandi reti)[1] quanto perché è il giornalista-tipo che cerca, vede, controlla e infine scrive. Opera nel punto diretto di contatto del giornalismo con la realtà. Non è detto che debba far parte del servizio chiamato cronaca cittadina. Può anche occuparsi di giudiziaria, sindacati, parlamento, mondanità e via dicendo oppure essere un inviato speciale che riferisce su un evento di portata mondiale. In senso lato è cronista chiunque, nel momento in cui si trovi sul posto, 'on the spot' dicono gli anglo-sassoni, e viva personalmente i fatti.

Si precisa tutto questo non per insediare il cronista a un livello superiore distinguendolo dal redattore che apprende dalle agenzie oppure è addetto al desk e alla confezione del giornale in un qualsiasi settore (compresa la cronaca dove pure esiste il lavoro 'di cucina'),[2] ma per sottolineare che il capitolo, pur centrato sulle notizie locali, riguarda tutti i giornalisti. Ogni notizia, all'origine, è locale e c'è un cronista al lavoro anche nella più remota località della terra dove prende forma quello che diventerà un dispaccio di agenzia o una corrispondenza.

Da noi un quotidiano senza cronaca locale è soltanto immaginabile. L'unico nato con prospettive nazionali e di qualità, 'La Repubblica', introdusse in breve volger di tempo, per garantirsi la sopravvivenza, le pagine cui aveva rinunciato, le estese anzi a vari capoluoghi di regione (partendo da Roma e Milano) quando sino ad allora si era piuttosto puntato sulle provincie.

Le pagine di cronaca hanno in genere l'incidenza massima sulla società e sul palazzo perché spesso si riferiscono a un microcosmo in cui il media, stampato o elettronico, monopolizza l'informazione e rappresenta l'unico strumento di controllo del potere da parte dell'opinione pubblica.

Si diventa giornalisti professionisti anche facendo esperienza in servizi come gli esteri[3] e gli interni ma in quei settori le fonti sono rappresentate da corrispondenti e agenzie e gli interventi limitati alla selezione e all'aggiornamento eventuale. Vi si impara bene la 'cucina' – tagliare, sintetizzare, titolare, impaginare – e poco a scrivere. Il praticante senza tirocinio in cronaca è fortemente svantaggiato.

Quattro sono le ragioni che rendono la cronaca il più efficiente luogo di formazione:

1) Il contatto diretto con i fatti e l'opportunità di imparare a tradurre in parole le immagini registrate dall'occhio.

2) La necessità di rapporti con fonti non abituali che richiedono faccia bronzea,[4] ma anche valutazioni psicologiche, tatto, abilità nell'approccio e che vanno avvicinate lealmente, evitando pericolose presentazioni sotto mentite spoglie.[5]

3) La carenza del materiale di agenzia che spinge a una stesura ex-novo dei testi.

4) La molteplicità dei temi da trattare in forma non solo superficialmente espositiva che costringe agli approfondimenti e produce una varietà di esperienze soprattutto in chi opera nei giornali di provincia dove l'organico è ridotto al minimo.

È tradizionale la divisione della cronaca locale in nera, bianca, giudiziaria[6] e tuttavia si tratta di una classificazione inutile perché il cronista passa facilmente da una branchia all'altra nel corso di una singola giornata di lavoro, la 'bianca' diventa 'nera' se qualche suo protagonista commette reati, la 'nera' dà origine a episodi consolanti e bianchissimi, la 'giudiziaria' si trasforma a volte in cronaca di costume.

Le figure professionali tipiche sono il capo-servizio,[7] l'estensore,[8] il reporter. Ma il grande sviluppo delle cronache locali e l'intreccio crescente delle funzioni e delle competenze hanno molto sfumato ogni divisione. Nei grandi giornali, dove l'organico si avvicina o supera le trenta persone, il capo-cronista può godere della qualifica di capo redattore e avere alle sue dipendenze dei vice, con grado di caposervizio, che si dividono il lavoro per zone di competenza o, più spesso, per fasce orarie. Infatti la chiusura in redazione delle pagine, per l'ultima edizione cittadina, avviene all'una e trenta, non alle quattro e mezza del mattino come una volta, e il lavoro è diventato a ciclo continuo. Già dalle 10 o anche prima c'è qualcuno che comincia a organizzarlo in base all'agenda, al 'mattinale' delle notizie di nera disponibile in Questura e alle notizie fresche, mentre gli interventi più importanti e prevedibili sono stati predisposti la sera precedente.

Contrariamente a tutti gli altri servizi del giornale, la cronaca subito ribolle di telefonate e di segnalazioni, molte delle quali arrivano dai lettori, fonte di informazione niente affatto secondaria, che protestano, segnalano, scrivono o si presentano personalmente. Bisogna dar retta a tutti ed è un'attività tanto pressante che in certi giornali si cerca di disciplinarla con la classica scritta, sotto la testata 'il cronista riceve dalle ore … alle…'.

L'utilizzo di tutto questo materiale può avvenire in vari modi e di frequente le cronache cittadine si differenziano tra loro più dei rispettivi giornali, tanto vasto è il campo d'azione e d'iniziativa. Si distinguono le croniste che hanno fatto irruzione nei media dimostrando in molti casi una grinta superiore e una speciale abilità proprio nei servizi dai quali per decenni erano state escluse. Forse è rimasta carente l'attenzione verso le lettrici che non possono essere attratte esibendo firme di donne e seguendo le manifestazioni femministe, ma vorrebbero cronache più vicine ai loro interessi e che non riflettessero la società solo al maschile.

Pur nell'elasticità dei compiti si formano fatalmente tra i cronisti sicure competenze, parallele a quelle degli assessori comunali (e spesso più profonde perché gli incaricati di governare le città ruotano assai più di quanto accada in una cronaca), ed esistono di fatto in redazione delle giunte-ombra[9] che possono diventare ottimi strumenti di controllo. Consentono di gestire campagne in crescendo quando viene allo scoperto qualche problema mal risolto o non risolto affatto. Veri e propri 'tormentoni', come si dice, che prima o poi costringono il palazzo a intervenire visto che l'argomento non è mai abbandonato e basta un nulla per riaccenderlo. Le prese di posizione, i corsivi graffianti, i commenti è bene che in una cronaca abbondino, se scritti con onestà di intenti e separati dalle notizie.

1 Tg delle grandi reti: the television news (*telegiornali*) of the main networks.
2 'Cucina': jargon for sub-editing; the English equivalent could be 'subbing'.
3 Servizi come gli esteri: news services such as foreign news.
4 Richiedono faccia bronzea: call for plenty of nerve.
5 Sotto mentite spoglie: in disguise.
6 Cronaca locale in nera, bianca, giudiziaria: local news, consisting of crime reporting, coverage of local affairs (e.g. council decisions) and court reporting.
7 Capo-servizio: desk editor.
8 Estensore: a kind of sub-editor.
9 Giunte-ombra: shadow-local administrations.

1.7 The first chapter ('Knickerbocker non vola più') of Igor Mann's *Gli ultimi cinque minuti*, **Palermo, Sellerio, 1993**, a novel first published in 1951 in which real news events become the basis for fictional re-presentation. Mann was, and is, a journalist of repute. Here we find the classic figure of the journalist beloved of 1940s and 1950s Hollywood, with a dose of disillusionment.

D'improvviso il silenzio fu rotto dal ticchettio della telescrivente. James B. Smith smise di rincorrere con lo sguardo le volute azzurrine che si levavano dal suo sigaro e, con un energico mezzo giro sulla poltrona, si trovò dinanzi al quadrante della macchina. I tasti zampettavano rapidi e James B. Smith compitò a voce alta, seguendoli nel loro cammino sulla carta: 'Urgente per il direttore dell' "Observer": morti per inondazione in Cina saliti ventimila. Aspetti desolazione biblica'. Non lesse più oltre quando vide i tasti riprodurre la firma del corrispondente da Canton; staccò il ricevitore del telefono interno, fece scorrere l'indice sulla tastiera fermandolo su di un pulsante: premette a lungo. 'Sì' gracchiò una voce nel microtelefono. 'Knick' disse Smith 'vieni da me un momento'.

Tre minuti dopo egli stava spiegando ad H. R. Knickerbocker che in Cina la situazione era spaventosa, come i morti per gli allagamenti fossero saliti a ventimila eccetera.

'Aspetti di desolazione biblica, Knick' soggiunse, compiaciuto per quel *biblica* preso in prestito dal corrispondente, 'questo sì che sarà un grande servizio. Credi a me, la guerra non interessa più nessuno, oramai. Il pubblico se ne infischia. Ma ditegli che ventimila pidocchiosi cinesi sono morti annegati, descriveteglì *come* sono morti e le edizioni andranno a ruba.[1] Ci piangeranno sopra tutti, apriranno sottoscrizioni o che altro so io'. James B. Smith, come tutti i sentimentali, ci teneva ad apparire cinico. Era l'unica sua civetteria; comprensibile, del resto, in un giornalista.

Knick lo stava ad ascoltare in silenzio, gli occhi socchiusi, pallido e distante. 'Dico giusto?', riprese il direttore dopo una pausa carica di effetto. Ma non attese risposta, era troppo sicuro di sé. Ciò gli accadeva da molti anni, oramai, dal giorno in cui l'Observer' aveva superato il milione di copie. 'Sicché' conclude 'sicché, mio caro, tu andrai a dare un'occhiata laggiù. Domani, dall'aeroporto La Guardia, parte un aereo per Singapore. Prenota un posto. Starai laggiù un mese'.

Questa volta Knick parlò: 'Va tutto bene, capo' disse 'c'è solo un piccolo inconveniente'.

'Quale?' interrogò Smith.

'Che io non prenderò quell'aeroplano', spiegò H. R. Knickerbocker. 'Sarebbe a dire?'. 'Sarebbe a dire, che se vuoi mandarmi laggiù ci andrò col piroscafo. Una bella cabina di ponte A, capo. Con la sedia a sdraio sulla passeggiata. Niente aereo'.

'Ma tu scherzi, Knick; quando il piroscafo sarà arrivato laggiù quei maledetti cinesi li avranno già tutti ripescati e cento altri giornalisti avranno raccontato ai loro lettori come è andata. Ti rendi conto? Tu devi assolutamente prendere quell'aereo, domani …'.

Il viso di Knickerbocker si contrasse in una smorfia nuova. 'No' rispose levandosi in piedi. 'Non prenderò quell'aereo. Né quello, né un altro. Mai più. Ho fatto il mio turno,[2] io. Sono già morto una volta, volando. Ho volato fino in fondo ai miei giorni, alle mie ore: tutte. Adesso non mi resta che un po' di pace. Poca, ma saprò farla durare: andrò con la nave, se vuoi, e poi col treno. Con il calesse. Ecco, sì: prenderò anche un calesse. Si cammina piano, al passo d'un cavallo, non è vero? È così: e la vita dura di più. Una volta, ricordi?, cammin-avano con le diligenze: si arrivava dopo un mese. Un medico per esempio, o un ambasciatore, correvano da *Frisco* a New York in diligenza. In attesa di loro il tempo si fermava per poi riprendere il suo lento, grave cammino. Le decisioni e le morti avvenivano a lunga scadenza. Si viveva di più. Adesso è finita: in poche ore tu sei dall'altra parte del globo, le guerre si decidono in sette minuti, i malati non aspettano più il farmaco miracoloso per settimane e settimane, ma muoiono dopo tre giorni o dopo dodici ore. E perché tutto questo?'.

'Ma perché il mondo ha fretta, la civiltà moderna cammina sulle onde sonore, mio caro. Oggi si vive di più, con maggiore intensità'.

'No' interruppe di nuovo H. R. Knickerbocker. 'No, capo, non è così. Anche io credevo, una volta, che la faccenda andasse in questo modo. Mi sbagliavo. Oggi si vive con più rapidità, questo sì, ma consumiamo la nostra razione di vita in trenta o magari in cinquanta anni ed è lo stesso che morire più in fretta. In verità, noi "moderni" moriamo vivendo. Tu credi di vivere più intensamente correndo in una giornata da un capo all'altro del mondo? No, così facendo avrai distrutto un patrimonio inestimabile. Ventiquattro lunghe ore, un interminabile giorno.

'Quante cose succedono in una giornata, ci hai mai pensato? Cosa non si può vedere e sentire durante ventiquattro ore? Un bimbo che va a scuola, un corteo, i cigni nel parco, i fiumi e le valli, le foreste, le praterie, la gioia e il dolore, la morte che passa e ammonisce dall'alto di un furgone, l'alba e il tramonto, le luci che si accendono nelle case, i lumi rossi degli ospedali, un campanello di stazione che annuncia il treno, il carro del lattaio al mattino, gli sguatteri dei ristoranti cinesi, i fattorini della metropolitana, con il naso livido e gli occhi contenti. Uomini, cose, fatti, idee, sensazioni, odori: vita.

'La vita nel tempo. Nel suo giusto tempo.

'È tutta una questione di ritmo, di armonia. Noi l'abbiamo spezzata: voliamo. Noi uomini voliamo. Il cielo è grande e solenne, pigro e immenso. È fatto per i silenzi e per l'immobile eternità. Noi ci voliamo attraverso. Diciamo che l'aeroplano congiunge i mondi e invece non è così. Li annulla, li distrugge. Uccide le ore e i minuti. Divora i fiumi e le case, i bimbi e i sogni, la gioia, i prati, le strade. Non esiste più nulla. In otto ore sei da X a Y. Come un sacco di patate. Sali a bordo e poi scendi. Non hai visto nulla, non sai nulla. Sei finito, knock out'.

Nell'ovattato studio di James B. Smith non si udiva, nel grande silenzio, che il battere precipitoso del cuore di James B. Smith.

H. R. Knickerbocker gli stava dinanzi, pallido e alto. Sorrideva.

'Guarda' disse ad un certo punto, e sollevò la destra. 'Guarda la mia mano: la metto davanti al paralume. Vedi? La luce vi passa attraverso, guarda dentro la mia mano: si vede la lampadina, sono trasparente. Sono morto.

'Per un istante tu lo avevi dimenticato; hai visto la notizia e ti sei attaccato al telefono, come una volta, senza riflettere che io ero morto, che ero andato in pezzi sulla collina di Cghatkopar, laggiù, a poche miglia da Bombay. Volevi mandarmi a Canton e hai premuto il pulsante. Io ho risposto. Sono venuto da te. E tu mi hai parlato. Come una volta, come allora. I giornalisti sono sempre al loro posto. In ogni momento mi troverai dietro la scrivania, accanto al telefono e alla portatile, pronto a partire. Ma con la nave, capo, o con il treno, la diligenza. A piedi.

'Ecco, Smith' sorrise il vecchio Knick 'vorrei che tu mi dessi da fare un servizio in qualche posto da raggiungere a piedi. Ho tanta voglia di camminare. Adagio. Fermandomi ad ogni giardino e ad ogni bar. Entrare, mettere un ventino nella pianola elettrica, bere una cocacola. Poi riprendere la marcia. Adagio, senza fretta. M'è rimasta un po' di pace, voglio viverla. Nel suo giusto tempo.

'E non mi importa se a Canton ci andrà un altro, se cento altri si precipiteranno a fare questo servizio per dare un "buco"[3] al vecchio Knick. Essi non sanno che sono io, ora, che gli do la "bucatura". Per sempre.

'Io non volo più. Cammino a piedi. Ho fatto il mio turno e mi sono trovato con la fronte spezzata nel fango di Cghatkopar, senza sapere come e perché. Ho fatto le guerre, ho girato i paesi, dicono. Non è vero. Ho vissuto intensamente, dicono. Non è affatto vero. Dì loro che non scrivano sciocchezze. Io, in verità, comincio a vivere solo oggi. E sai perché? Perché ho imparato a rispettare il tempo, la giornata di un uomo, le sue ore.

'H. R. Knickerbocker non vola più. H. R. Knickerbocker vive. Per la prima volta. Adagio, col dovuto ritmo. È un fatto importante, sai?'.

1 Andranno a ruba: will sell like hot cakes.
2 Ho fatto il mio turno: I've done my stint.
3 'Buco': hole; journalistic jargon referring to the failure to print a story covered by other newspapers.

1.8 Giampaolo Pansa's piece, 'Il martello di Giorgio', *Panorama*, 14 May 1989, p. 49. Pansa uses his column 'Bestiari' to debate with his colleague, Giorgio Bocca, the consequences of the takeover of *La Repubblica* and *L'Espresso* by the De Benedetti economic empire.

Con una lunga intervista a Giuseppe Venosta del *Secolo XIX*, Giorgio Bocca torna sul tema della Mondadori che s'è comprata il gruppo Espresso. Ci torna, spiega il titolo, 'Con l'amaro in Bocca' poiché ripete ciò che aveva sostenuto in una precedente intervista al *Corriere della Sera*: adesso noi giornalisti di *Repubblica* e dell'*Espresso*, e forse anche quelli già nella Mondadori, 'saremo meno affidabili'. E lo saremo perché oggi il nostro padrone non è soltanto un editore impuro,[1] bensì un mega-gruppo che farà chissà quali operazioni finanziarie ecc. ecc. ecc.

Se non si trattasse di Bocca, verrebbe da rispondergli: parla per te, prevedi il tuo futuro, non il nostro. Ma siccome si tratta di Bocca, la risposta deve essere diversa proprio perché può partire dalla sua storia professionale e da ciò che

Giorgio ha dato a tanti lettori e anche a tanti giornalisti venuti dopo di lui. Bocca cominciò a scrivere sul *Giorno*, quello diretto da Italo Pietra, a metà del 1960 e ci rimase per quindici anni, quando poi entrò nel team che Scalfari stava costruendo per fondare *Repubblica*. E' necessario ricordare che cosa ha significato, in quei tre lustri, il lavoro di Bocca al *Giorno*? Certamente no, ma io voglio dire che significato ebbe per me. Bocca non l'avevo mai visto, lo leggevo soltanto, però lo sentivo vicino come un fratello maggiore, aspro, di forte carattere, da imitare. Quando sul *Giorno* bevevo le sue inchieste, lo consideravo non solo un maestro, ma un alieno. Sì, un viaggiatore venuto da altri mondi a dimostrare che ci poteva essere un giornalismo diverso da quello reticente, senza palle e codino[2] che allora imperava in tanti eminenti quotidiani, Corrierone in testa.

Eppure, in quel tempo il *Corriere* era dei Crespi, editori nati impuri e poi pressoché purificatisi, nel senso che via Solferino[3] era la loro prima fonte di guadagni imprenditoriali. Bocca, invece, scriveva sul giornale dell'Eni.[4] E l'Eni aveva un presidente che si chiamava Enrico Mattei. Ha detto Bocca nel libro-intervista curato da Walter Tobagi: Mattei 'voleva un giornale così come aveva voluto l'Eni: per agire, per comandare, per creare occasioni di lavoro, per farla vedere ai suoi nemici'. Era, in nocciolo, la teoria del giornale prigioniero. Tuttavia, noi leggevamo Bocca senza curarci di chi fosse l'editore di Bocca. Giorgio era affidabile e credibile per ciò che scriveva, per la spigolosa verità con cui raccontava l'Italia, fosse o non fosse Mattei il padrone del giornale.

Poi, nell'ottobre 1962, Mattei morì. Dopo di lui venne Boldrini. Dopo Boldrini venne Cefis, che di giornali prigionieri se ne intendeva. Dopo Cefis venne Girotti. L'Eni continuò a essere il padrone del *Giorno*, Bocca continuò a scrivere sul *Giorno*. E sempre, in tutti quegli anni, noi seguitammo a leggerlo e a considerarlo un giornalista di cui era giusto fidarsi. In altre parole, tanti lettori del *Giorno* hanno applicato a Giorgio una buona, vecchia regola: giudicare un giornalista da ciò che scrive, dal suo rigore professionale, dalla sua tenuta nel tempo. Perché questa regola oggi non dovrebbe valere più, né per Bocca, né per i colleghi di testata o di gruppo di Bocca? Perché stilare, in anticipo, referti che spettano solo ai lettori e sostenere, in anticipo, che adesso saremo appena dei proiettili per il cannone dell'ingegner De Benedetti?[5] Lasciamo che siano i lettori a dirlo, se avranno motivi per dirlo.

Questi lettori, del resto, sanno benissimo come stanno le cose. Sanno che fare giornali nelle corporation industriali-finanziarie presenta non poche difficoltà. Sanno che alcune di esse sono già emerse da un pezzo. In *Carte false* ho descritto quale rebus sia raccontare vicende che hanno per protagonisti i grandi gruppi diventati padroni della stampa italiana. Spesso il rebus vien risolto da noi giornalisti con troppe 'carte bianche', ossia con troppi silenzi.

Silenzi sul gruppo per cui lavoriamo. Ma anche silenzi sui gruppi concorrenti. Così è accaduto o rischia di accadere che la presenza di tanti poteri industriali-finanziari sul campo di battaglia dell'informazione, invece di produrre una serie di conflitti sempre salutari per il diritto del lettore a essere informato, spesso dia il risultato opposto. Ovvero, una specie di disarmo tacitamente concordato e l'inerzia degli apparati informativi, in base alla regola che 'cane non morde cane'. In questo modo, il silenzio sul potere di casa, saldandosi con quello sui poteri avversari, può render muti troppi giornali, può ridurli a un coro a bocca chiusa.

Ecco, fare del giornalismo dignitoso in una concentrazione editoriale vuol dire non lasciarsi ingabbiare da questa logica, non diventare ragazzi del coro che cantano soltanto le lodi del padrone, non essere coristi a bocca chiusa che parlano unicamente di aria fritta.[6] Quando i proprietari della mega-Mondadori faranno qualche sciocchezza degna di cronaca, i loro giornali ne parleranno, i loro giornalisti ne scriveranno. E gli interessi dell'ingegner De Benedetti non diventeranno mai, di per se stessi, gli interessi dei suoi giornali. Questo significa essere affidabili, credibili. Bocca è certamente capace di esserlo, ma non è l'unico. E allora, per favore, smetta di darsi martellate sulla testa. E di darle a noi.

1 Editore impuro: newspaper publisher with financial interests mainly in other areas of the economy.
2 Senza palle e codino: gutless (literally, 'without balls') and reactionary.
3 Via Solferino: headquarters of *Il Corriere della Sera*.
4 Eni (ENI): State-owned petrochemical company.
5 De Benedetti: majority shareholder in Mondadori who had just acquired a controlling interest in *La Reppublica* and *L'Espresso* and whose economic empire included Olivetti.
6 Aria fritta: hot air

1.9   Interview by Patrizia Carrano with Natalia Aspesi, who currently writes for *La Repubblica*. Published in a book of interviews with leading *giornaliste*, including Oriana Fallaci and Camilla Cederna, which explores what distinguishes a woman's experience in journalism: Patrizia Carrano (ed.), *Le signore 'grandi firme'*, Florence, 1978.

Tu hai uno stile molto brillante. Non pensi che questa sia una caratteristica 'obbligatoria' delle giornaliste donne?
In effetti è così. Alle donne è sempre stato chiesto di essere delle 'penne cattive',[1] di esercitare l'ironia, la brillantezza. Le giornaliste non possono mai essere noiose, devono divertire a tutti i costi. Io stessa sono stata assunta al *Giorno* proprio per questo. Ero talmente cosciente di questa realtà che per

alcuni anni mi sono imposta di scrivere con uno stile più serio e meno ironico. Erano gli anni in cui cominciava la crisi e quindi era abbastanza facile sintonizzarsi sul nuovo clima[2] e cambiare registro. Poi, in una delle tante riflessioni che io faccio sul mio lavoro e sul mio ruolo, mi sono accorta che i giornali stavano diventando sempre più tetri, cupi, addirittura luttuosi e che la mia ironia poteva diventare un mezzo per comunicare con la gente. Così ho riscoperto il mio naturale ottimismo, la mia capacità di vedere il lato positivo delle cose. Oggi, se potessi, non dico che farei l'attore comico, ma certo vorrei divertire la gente. Perché attraverso la risata, lo sberleffo, la satira si possono dire molte cose, anche importanti.

Ma come mai, giornaliste a parte, le donne hanno un rapporto irrisolto con l'ironia e l'umorismo?

Prima di tutto la vita delle donne è sempre abbastanza dura, per cui mi sembra molto difficile riuscire a vedere la propria condizione con distacco, con lucidità e quindi con ironia. E poi alle donne è stato imposto di non essere allegre. Basti pensare al significato che si dà al termine 'donnina allegra', per capire molte cose. Le donne hanno l'obbligo di essere composte, di non essere sguaiate: al massimo possono sorridere, ma non devono ridere mai, altrimenti non sono femminili. Il massimo di buona educazione per una ragazza era non ridere alle barzellette perché sono volgari. Nella enorme mistificazione che presiede alla creazione della 'donna ideale' hanno giocato anche questi elementi.

Natalia, tu sei un inviato o una inviata?

Sono un inviato. Nei giornali l'inviata non esiste, è una figura che non è stata ancora reclamata. L'inviato è una figura asessuata che viene definita con un sostantivo maschile perché da noi non esiste il neutro. Io l'ho sempre intesa come una definizione neutra della mia qualifica e non come una mascolinizzazione. E poi, francamente, non mi importa molto di come sono definita. Sono piccole cose senza troppa importanza.

Ma tu pensi di avere una neutralità sessuale nel tuo lavoro?

Assolutamente no. Mettiamo il caso che io debba occuparmi di un fatto di cronaca, che è poi la cosa che mi affascina di più: già leggendo il resoconto che danno gli altri giornali io capisco di essere profondamente lontana dalla loro interpretazione degli avvenimenti. Io, come giornalista, cerco sempre di vedere un fatto con una mia ottica, di capire cosa c'è dietro. Mentre per gli uomini esiste un codice prefissato della cronaca: il buono, il cattivo, l'assassino, il crudele. Il delitto è sempre efferato, la sciagura agghiacciante, il tonfo è sordo. Una specie di romanzo d'appendice, alle cui regole piegano la realtà, a volte distorcendola grossolanamente. A me è capitato, quando stavo al *Giorno*, di partire per fare un servizio di cronaca, mentre al giornale avevano già fatto il titolo sulla notizia dell'ANSA.[3] Un titolo sul genere 'mondana assassinata', mentre in realtà si trattava di tutt'altra cosa.

Fammi qualche esempio.

Una delle cose che mi colpiscono di più è l'atteggiamento che hanno i cronisti rispetto all'infanticidio: un giorno sì e un giorno no sui giornali si legge che una donna ha ammazzato il proprio bambino buttandolo dalla finestra, strozzandolo, bruciandolo. E ogni volta, sui giornali, ritrovi la stessa solfa: 'un attimo di follia' ... 'un delitto orrendo' ... Io mi domando come mai non abbiano riflettuto che dietro a questi terribili avvenimenti non c'è una ragione individuale, ma ci sono delle motivazioni più vaste. Io ho fatto dei servizi sulla depressione delle donne dopo il parto, sulla loro profonda malinconia e solitudine e mi immaginavo che qualche collega, al momento di descrivere un nuovo infanticidio se ne ricordasse e modificasse la sua ottica, trovando altre ragioni, altre spiegazioni che non quella della follia. E invece nulla: lo schema prefissato è più forte dei fatti che si devono raccontare. Io credo che le donne siano naturalmente delle croniste migliori: perché hanno cominciato ad occuparsi di giornalismo da poco, e non sono condizionate. Storicamente noi donne siamo molto più giovani.

Ti sei mai sentita inadeguata al tuo lavoro?

Sì, spessissimo. Prima di tutto per la mia mancanza di cultura che io sento profondamente, mentre mi accorgo che i miei colleghi spesso non danno peso alla loro ignoranza. E poi perché ogni volta che scrivo un pezzo c'è dentro di me una molla che mi fa rinunciare a scriverlo meglio. In fondo io so che potrei lavorare molto meglio di quanto non faccia. Non so se questa sensazione dipende dal fatto che come donna sono abituata a domandarmi molto, perché ho fatto piú fatica di altri ad affermarmi.

Generalmente che rapporto hai con le tue colleghe?

Molto buono, soprattutto perché mi sento abbastanza brava, e quindi non temo la concorrenza, non ho paura. Penso di soffrire un po' di presunzione, forse. Nonostante io pensi che la sorellanza fra donne che fanno lo stesso mestiere sia molto difficile, tutte le mie amiche sono giornaliste. Con Lietta Tornabuoni ho un rapporto di grandissima amicizia, con Rachele Enriquez, con Donata Righetti, con Caterina Emili, con Laura Griffo. Però mi sono accorta che nei giornali femminili è diverso, c'è un odio reciproco addirittura tangibile, lo si respira nell'aria. Penso che sia un odio indotto, perché ci hanno insegnato che bisogna essere per forza le più brave. Penso che quella delle donne sia una competitività diversa da quella maschile: fra donne c'è una animosità che è professionale e sessuale insieme.

1 'Penne cattive': 'provocative pens'.
2 Sintonizzarsi sul nuovo clima: tune into the new atmosphere.
3 ANSA: A leading Italian news agency.

Exercises

1 Consider the article by Giampaolo Pansa about Giorgio Bocca in relation to the notion of the 'firma'.

2 In what ways can newspapers be regarded as an important vehicle for linguistic change and, at the same time, a means whereby stereotypes are formed?

3 Why should the *cronista* or reporter be considered the role that is at the heart of journalism?

4 Examine the importance of the time-factor and technology in producing newspapers in the light of Igor Man's 'Knickerbocker non vola più'.

5 In what ways might a woman journalist have different ideas about reporting the news from those of a male colleague?

PART 2   Genres

Cronaca nera

2.1 'Posteggia male: accoltellato'. A report in *La Stampa*, 27 April 1993; a pensioner kills his neighbour over a car-parking row.

CONEGLIANO. Un anziano pensionato ha ucciso il vicino di casa perché aveva parcheggiato male l'auto. La tragedia della follia si è consumata ieri mattina sul pianerottolo di un condominio in via del Lavoro. Luigi Brunetti, 77 anni, ha accoltellato Riccardo Mognol, 36 anni, tecnico in un mobilificio. Il giovane si è accasciato sulle scale, colpito da tre fendenti che l'hanno raggiunto al fianco, al collo e al cuore, sotto gli occhi della compagna. L'anziano dopo l'omicidio è salito in casa. Ha chiamato i carabinieri dicendo: 'Ho ucciso un uomo, venite a prendermi' ed ha atteso i militi con il coltello insanguinato in mano. E' stato arrestato con l'accusa di omicidio volontario.[1] Luigi Brunetti, che viveva da solo al terzo piano, era lo spauracchio del condominio. Si lamentava sempre di qualcosa. Se la prendeva[2] con gli altri inquilini per futili motivi: ieri l'ultima lite.

1 Omicidio volontario: murder in the second degree.
2 Se la prendeva: he took offence.

2.2 'Massacrato davanti all'indifferenza' (Paolo Lingua). A report in *La Stampa*, 4 June 1993; a murder takes place outside a bar on the outskirts of Genoa.

GENOVA. Avrebbero potuto salvarlo. Invece hanno assistito immobili alla morte di un uomo di 46 anni massacrato sotto i loro occhi indifferenti. E' accaduto l'altra notte a Genova davanti a una decina di testimoni. La vittima è stata lasciata priva di vita sul marciapiede di fronte a un bar di periferia, mentre i presenti si allontanavano e le saracinesche venivano abbassate con colpevole frettolosità. La vittima è un ferroviere in pensione, Luigi Parodi, 46 anni, sposato e separato da un anno, una figlia. E' stato ucciso da un pregiudicato, 'buttafuori' di locali notturni, Franco Maurici, 27 anni, catturato poche ore dopo il delitto nella propria abitazione.

La causa della rissa appare incredibile, ma è confermata da numerosi testimoni interrogati per molte ore dai carabinieri: Parodi, descritto come un uomo mite, chiuso in se stesso, malinconico, avrebbe urtato inavvertitamente Maurici mentre questi giocava a flipper,[1] provocandogli la perdita d'un punto 'importante'.

L'aggressione è avvenuta alle due del mattino. Luigi Parodi era in pensione da un anno: aveva lasciato il posto quando si era separato dalla famiglia e si era ritirato a vivere al Sassello, in provincia di Savona, dove possedeva una casa, unico compagno uno spendido esemplare di 'huskie' siberiano che è stato testimone del delitto. Ma Parodi aveva sempre vissuto nel quartiere di Rivarolo, in Val Polcevera, alla periferia Nord-occidentale di Genova, la vecchia 'cintura' industriale. Per questo, ogni settimana, tornava in via Mansueto per far visita alla figlia e si fermava poi in via Canepari – l'arteria principale che attraversa la vallata – per chiacchierare con i vecchi amici del 'Nuovo Bar'. Un caffè, un aperitivo, una partita a carte. Il 'Nuovo Bar' chiude tardi: Parodi lasciava l'auto parcheggiata sul marciapiede e si sedeva a un tavolino, con il cane accucciato tra le gambe. Chiacchierava, riempiva la sua solitudine.

L'altro ieri, Parodi s'è fermato, come al solito, fino a tardi. Non si sa esattamente che cosa sia accaduto. Resta il fatto che, prima di uscire, s'è verificato l'incredibile incidente del flipper. Franco Maurici ha dato in escandescenze,[2] ma forse Parodi, dopo essersi scusato, ha creduto che fosse finita. Poco dopo le due, mentre il bar chiudeva, l'ex ferroviere è uscito con il cane per tornare al Sassello. A questo punto è stato affrontato da Maurici, che s'è scagliato contro di lui con violenza, colpendolo con calci e pugni. Nessuno degli avventori è intervenuto né ha pensato almeno di telefonare al pronto intervento. Forse Maurici, temperamento violento e passato torbido, incuteva paura.

Parodi ha accennato a difendersi, ma ha avuto subito la peggio. E' caduto a terra sanguinante e il suo rivale ha infierito ancora, saltando a piedi giunti sul volto e su tutto il corpo dell'uomo prima di fuggire. Nel frattempo i testimoni s'erano tutti allontanati, ma è stato solo allora che una voce anonima ha telefonato alla Croce Rossa del quartiere, dalla quale è partito l'allarme per i carabinieri della compagnia di Sampierdarena. Per Parodi non c'era nulla da fare: è giunto all'ospedale Celesia privo di vita.

In un primo momento s'era addirittura pensato che l'uomo fosse stato investito da un'auto,[3] perché gli abiti presentavano strani segni che avevano fatto pensare ai pneumatici d'una vettura. Erano invece le tracce lasciate dalle suole in gomma delle scarpe dell'aggressore. Ed è stato questo particolare a incastrare il responsabile del delitto. I carabinieri, infatti, hanno cominciato a setacciare la zona per rintracciare possibili testimoni. Alle prime luci del l'alba s'era ristretto il cerchio attorno ai frequentatori più assidui del bar. Dietro la minaccia di un'incriminazione per concorso di colpa,[4] o omissione di soccorso qualche bocca si è scucita. Sono venuti fuori nomi e circostanze. Così i militari hanno fermato Franco Maurici e nella casa del giovane hanno scoperto una serie di indizi schiaccianti: oltre a tracce di sangue, sono state trovate le scarpe, il cui disegno della suola coincide con i segni lasciati sui vestiti di Parodi.

Maurici, che ha continuato a negare ogni accusa, è stato portato prima in caserma a Sampierdarena, poi trasferito al carcere di Marassi. Questa mattina sarà interrogato dal magistrato.

1 Giocava a flipper: he was playing pinball.
2 Ha dato in escandescenze: he flew off the handle.
3 Investito da un'auto: run over.
4 Incriminazione per concorso di colpa: charge of complicity in the crime.

2.3 A front-page article by Sergio Criscuoli published in *L'Unità*, 3 November 1975, under the headline 'Pier Paolo Pasolini assassinato' and continued on page 3. An account of the murder of the poet and film-maker the day after the event.

ROMA, *2 novembre*
Pier Paolo Pasolini è stato assassinato questa notte a pochi chilometri da Roma. Il suo corpo martoriato è stato ritrovato alla periferia di Ostia su uno spiazzo di terra battuta fra le baracche ancora in costruzione di una nuova borgata[1] spuntata in via dell'Idroscalo. Il cranio sfigurato da innumerevoli colpi di bastone: sul torace i segni dei pneumatici della sua stessa auto, con la quale l'assassino ha schiacciato il corpo.

Poche ore dopo il delitto, prima ancora della tremenda scoperta, un giovane di 17 anni, Giuseppe Pelosi, un ragazzo di borgata appena entrato nel giro della 'mala'[2] di periferia è stato fermato dai carabinieri. Stava fuggendo sulla strada di Ostia a bordo dell'Alfa GT dello scrittore. E' lui l'autore dello sconvolgente omicidio, l'ha confessato.

Arrestato quasi per caso ad un chilometro dal luogo del delitto il giovane assassino, per sei ore, è stato creduto solo un ladruncolo d'auto. La faccia sporca di terra, gli occhi smarriti, Giuseppe Pelosi, 17 anni, si è imbattuto in una pattuglia dei carabinieri mentre percorreva contromano una strada di Ostia a bordo dell''Alfa 2000 GT' dello scrittore-regista.

Si era appena fermato ad una fontanella per lavarsi le mani sporche di sangue. Ha cercato di sfuggire alla cattura pigiando sull'acceleratore, ma non c'e riuscito. Ai militari ha avuto poco da spiegare: era senza patente ed il libretto di circolazione recava il nome di Pasolini. E' stato ammanettato e trasferito al carcere minorile di Casal di Marmo e accusato di furto e guida senza patente. Prima di essere portato in cella, senza volerlo e senza essere compreso, ha quasi anticipato l'orrenda confessione dell'omicidio resa più tardi al magistrato: 'Ho perso il mio anello! E' d'oro con una pietra rossa. ... Guardate se è rimasto in macchina'. L'anello si trovava in uno spiazzo di terra battuta ai margini di via dell'Idroscalo, a Ostia. Pochi metri più in là giaceva il corpo martoriato di Pier Paolo Pasolini.

Era passata da poco l'una di notte. Nessuno, ancora, sapeva che il regista e scrittore era morto, mentre l'omicida si trovava già in carcere. Soltanto alcune ore più tardi, alle 7.30 di questa mattina, una famiglia è giunta con la macchina sul luogo del delitto ed ha dato l'allarme alla polizia.

La prima segnalazione che ha fatto partire da Roma i funzionari della squadra Mobile e gli ufficiali dei carabinieri era assai generica: il cadavere di uno sconosciuto con il volto sfigurato era stato trovato in uno spiazzo disabitato della periferia di Ostia. Appariva un delitto oscuro, dove tutto era ancora da scoprire. Poi qualcuno ha collegato il ritrovamento dell'auto rubata a Pasolini con quel barbaro omicidio. L'ipotesi che quel corpo orribilmente straziato potesse appartenere allo scrittore lasciava sgomenti, ma andava presa seriamente in considerazione.

Nel frattempo, i carabinieri avevano telefonato a casa di Pasolini, in via Eufrate, all'EUR,[3] per avvertire del ritrovamento dell''Alfa Romeo GT'. La nipote di Pier Paolo, Graziella, che aveva preso la comunicazione, ha subito telefonato a Ninetto Davoli, il noto attore che ha interpretato tanti film di Pasolini, per chiedergli aiuto. La donna era già preoccupata per il mancato rientro del congiunto, e quella telefonata dei carabinieri l'aveva messa in agitazione.

Ninetto Davoli è andato alla compagnia EUR dei carabinieri e qui è stato pregato di accompagnare gli investigatori in via dell'Idroscalo per sciogliere i loro dubbi. 'Dio mio, Pier Paolo ...' ha mormorato l'attore stringendosi la testa tra le mani e singhiozzando appena visto il cadavere del carissimo amico.

Il corpo di Pier Paolo Pasolini giaceva bocconi con il volto affondato nella terra. La testa era massacrata. Indosso aveva un paio di blujeans scuri, un paio di stivaletti di cuoio nero e una canottiera verde.

Tracce di copertone lasciavano capire che sul corpo erano passate le ruote di una automobile. A circa ottanta metri è stata trovata la camicia della vittima con larghe macchie di sangue. C'era anche l'arma del delitto: un paletto di legno insanguinato. Testimoni nessuno: la zona, quando finisce l'estate, diventa squallida e disabitata. Le casette abusive disseminate tutt'intorno allo spiazzo di terra battuta, infatti vengono usate soltanto per la villeggiatura.

Mentre la notizia dell'assassinio di Pasolini si diffondeva con rapidità suscitando incredulità, sgomento e commozione, gli investigatori sono subito andati al carcere minorile di Casal di Marmo per interrogare Giuseppe Pelosi. Il diciassettenne, dopo aver farfugliato qualche frase confusa, è scoppiato in lacrime davanti al magistrato confessando l'omicidio. Ha così fornito agli inquirenti la sua versione dei fatti.

Giuseppe Pelosi ha raccontato di avere incontrato per la prima volta Pasolini alle 22,45 di sabato sera sotto in portici della stazione Termini. Il regista, un quarto d'ora prima, aveva salutato Ninetto Davoli ed alcuni amici, con i quali aveva cenato in una trattoria del popolare rione di San Lorenzo. Pelosi è salito a bordo dell''Alfa Romeo' di Pasolini, ed i due sono partiti dirigendosi ad Ostia. Sulla via Ostiense si sono fermati in una trattoria ed il ragazzo – che aveva perfettamente capito chi era il suo accompagnatore – ha cenato. Quindi sono ripartiti. Sempre sull'Ostiense l'auto con i due si è fermata ancora per fare rifornimento presso un distributore automatico. La circostanza è stata confermata da un testimone che aveva riconosciuto da lontano i regista passando a piedi, e che questa mattina si è presentato in Questura per deporre.

L'auto con a bordo Pasolini e Pelosi si dev'essere fermata ai margini di via dell'Idroscalo – una strada molto isolata che attraversa prima un borghetto di baracche e poi la campagna – poco prima dell'una. A questo punto, la ricostruzione dell'accaduto è tutta da verificare: la polizia, infatti, ha soltanto la versione dell'omicida. Secondo il Pelosi lo scrittore gli avrebbe proposto di avere con lui *rapporti sessuali* ricevendone un rifiuto. *'Abbiamo avuto una violenta discussione* – ha dichiarato il giovane assassino – *Pasolini ha raccolto per terra un bastone e mi ha colpito alla testa. Accecato dal sangue che mi colava lungo il viso* – ha proseguito Pelosi – *ho divelto a mia volta un pezzo di legno da una staccionata ed ho cominciato a colpirlo fino a quando non l'ho visto cadere. A quel punto ho cercato di scappare. Sono salito a bordo dell'auto, che aveva ancora le chiavi inserite nel cruscotto e sono fuggito più veloce che potevo'*.

E' stato accertato che Pelosi ha una ferita al capo. Ai carabiniere che lo avevano fermato (l'appuntato Antonino Cuzzupè e il carabiniere Giuseppe Guglielmi) aveva detto, in un primo momento, di essersela prodotta sbattendo contro il parabrezza dopo una brusca frenata.

Pelosi ha anche dichiarato al magistrato che non voleva travolgere con l'auto Pasolini, *'Mentre fuggivo* – ha detto – *ho sentito un forte sobbalzo. Sono tornato indietro e, accesi i fari, mi sono accorto che ero passato con l'auto sul corpo di Pasolini'*.

Il diciassettenne è stato colpito da un ordine di carcerazione per il reato di omicidio volontario pluriaggravato, ed è stato trasferito al carcere di Regina

Coeli poichè presso quello minore di Casal di Marmo non ci sono celle d'isolamento. Resta ora per gli investigatori, il lavoro più difficile per cercare di accertare, ad uno ad uno, tutti i particolari della versione di Pelosi, e fare chiarezza su questo orrendo delitto.

1 Borgata: poor neighbourhood on the periphery of Rome, often built without planning permission.
2. 'Mala': slang for 'malavita', meaning criminal underworld.
3 EUR: expensive residential area of Rome.

2.4 'Ucciso da due motociclisti?' (Oriana Fallaci). A report in *L'Europeo*, 14 November 1975, in which doubt is cast on the reliability of the information given to the press by the police following Pasolini's death. The beginnings of an *inchiesta* into a mystery still not resolved.

ROMA, *novembre*

Esiste un'altra versiona della morte di Pasolini: una versione di cui, probabilmente, la polizia è già a conoscenza ma di cui non parla per poter condurre più comodamente le indagini. Essa si basa sulle testimonianze che hanno da offrire alcuni abitanti o frequentatori delle baracche che sorgono intorno allo spiazzato dove Pier Paolo Pasolini venne ucciso. In particolare, si basa su ciò che venne visto e udito per circa mezz'ora da un romano che si trovava in una di quelle baracche per un convegno amoroso con una donna che non è sua moglie. Ecco ciò che egli non dice, almeno per ora, ma che avrebbe da dire.

Pasolini non venne aggredito e ucciso soltanto da Giuseppe Pelosi ma da lui e da altri due teppisti, che sembrano assai conosciuti nel mondo della droga. I due teppisti erano giunti a bordo di una motocicletta dopo mezzanotte ed erano entrati insieme a Pasolini e al Pelosi in una baracca che lo scrittore era solito affittare per centomila lire ogni volta che vi si recava. Infatti non si tratta di baracche miserande come appare all'esterno: le assi esterne di legno fasciano villette vere e proprie, munite all'interno dei normali servizi igienici, di acqua corrente, a volte ben arredate e perfino con moquette. Le urla di un alterco violento cominciarono dopo qualche tempo che i quattro si trovavano dentro la baracca. A gridare: 'Porco, brutto porco' non era Pasolini ma erano i tre ragazzi. A un certo punto la porta della baracca si spalancò e Pasolini usci correndo verso la sua automobile. Riuscì a raggiungerla e si apprestava a salirci quando i due giovanotti della motocicletta lo agguantarono e lo tirarono fuori. Pasolini si divincolò e riprese a fuggire. Ma i tre gli furono di nuovo addosso e continuarono a colpirlo. Stavolta con le tavolette di legno e anche con le catene.

Ciascuno di loro aveva in mano una tavoletta e i due teppisti più grossi avevano in mano anche le catene. Il testimone che, terrorizzato, si rifiuta di raccontare la storia alla polizia dice anche che, a un certo punto, vide i tre giovanotti in faccia.

Erano circa le una del mattino e le urla dell'alterco continuarono, udite da tutti, per quasi o circa mezz'ora. Vide anche che Pasolini cercava di difendersi. Quando Pasolini si abbatté esanime, i due ragazzi corsero verso la sua automobile, vi salirono sopra, passarono due volte sopra il corpo dello scrittore: mentre Giuseppe Pelosi rimaneva a guardare. Poi i due scesero dall'automobile, salirono sulla molocicletta, partirono mentre Giuseppe Pelosi gridava: 'Mo' me lasciate solo,[1] mo' me lasciate qui'. Continuò a gridare in quel modo anche dopo che i due si furono allontanati. Allora, si diresse a sua volta verso l'automobile di Pasolini, vi salì e scappò.

La scena sarebbe stata vista non soltanto da chi era nelle 'baracche' ma anche da una coppia appartata dentro un'automobile, poco lontano. E tale versione risolverebbe i dubbi che tutti hanno avanzato sino a oggi sulla possibilità che un uomo robusto e sportivo come Pasolini potesse essere sopraffatto da una persona sola, anzi da un ragazzo di diciassette anni meno forte di lui. È il caso di sottolineare che in un primo tempo fu detto dalla polizia che nelle unghie di Pasolini erano stati trovati residui di pelle. Secondo la versione ora fornita, Pasolini tentò disperatamente di difendersi. Sul volto e sul corpo di Giuseppe Pelosi non esistono segni di una colluttazione. Tali segni, o tali graffi, si dovrebbero trovare sul volto o sul corpo degli altri due teppisti. Perché il Pelosi non parla e si assume tutta la responsabilità? È legato anche lui al mondo della droga? Perché lui stesso ha messo sulla pista la polizia raccontando di avere perso un anello che nessuno, fino a quel momento, sapeva che fosse suo? È possibile perdere un anello durante una colluttazione? Oppure l'anello è stato gettato lì di proposito,[2] e il Pelosi ha parlato, raccontando tutto, e la polizia non ce ne dà notizia?

1 Mo' me lasciate solo: 'mo'' is dialect; the standard Italian alternative would be 'ora' or 'adesso'.
2 Gettato lì di proposito: thrown there on purpose.

2.5 **'Il demonio che c'è in te' (Alberto Corsini). A report in *Nuova Cronaca Vera*, 11 August 1993, pp. 6-7** – a weekly publication dedicated to crime stories, preferably involving sex, violence and satanism.

Gaeta (Latina), *agosto*
Alba di sangue e di follia, cieca esplosione di furore di un'esistenza ancora giovane, vittima dell'ossessione di Satana e di altre presenze diaboliche.

Filomena Fraricciardi, 26 anni, minuta laureata in filosofia, in preda a furia incontenibile ha prima inferto numerose coltellate alla madre Domenica Miele, 51 anni, quindi l'ha scaraventata giù dal balcone di casa e infine, accorgendosi che non era ancora morta, le ha scagliato contro qualsiasi oggetto le capitasse tra le mani.

Erano le 4 del mattino in via Ancona 36 e il trambusto ha messo in allarme l'intero stabile. Senza contare che la pazza, mentre procedeva nella sua opera di devastazione, continuava a urlare a squarciagola[1] frasi senza senso tra cui ne spiccava però una spaventosa: *'Sei il diavolo, sei Satana, vattene, muori!'*

Forse però quelle grida sono state la salvezza della povera donna. Ancora viva nonostante un volo di sei metri, ha potuto essere soccorsa rapidamente e così, nonostante le coltellate, il trauma cranico e un femore rotto, se l'è miracolosamente cavata.

Lei, Filomena o Mena, come l'ha più volte invocata la madre mentre la portavano in sala operatoria, è stata arrestata per tentato omicidio e associata alle carceri di Latina. Ha ammesso tutto con freddezza, sostenendo di aver colpito la genitrice per distruggere il diavolo che la possedeva.

Le due donne non sono di Gaeta, dove però vengono a trascorrere le vacanze da molti anni, ma di Palma Campania, popoloso comune del Napoletano alle pendici orientali de Vesuvio, non lontano da Nola.

Terribile nottata

Gente di elevato ceto sociale:[2] il padre di Filomena, deceduto da qualche anno, era uno stimato medico pediatra, e medico è anche il fratello Massimo.

Sembra che l'ossessione religiosa e le crisi mistiche della ragazza siano cominciate proprio in concomitanza con[3] la scomparsa del padre. Lei era rimasta molto scossa e aveva cercato rifugio nella preghiera. Ben presto però la devozione si era trasformata in una mania.

Dalle testimonianze dei vicini e da qualche parola della madre, che ha anche cercato di proteggere la figlia (*'Sono caduta da sola, lei non c'entra'* ha mormorato al capitano Sottili) e l'ha come giustificata (*'le abbiamo dato un educazione troppo rigida'*), gli inquirenti hanno ricostruito con precisione i fatti della terribile nottata.

Trattandosi di persone in vista,[4] le due donne erano piuttosto conosciute benché conducessero un'esistenza riservata. Ad alcuni non era sfuggita la loro eccessiva e distorta religiosità. La domenica precedente nel corso di una messa all'aperto madre e figlia si erano rese protagoniste di una scenata pubblica, accusando il parroco di essere anche lui posseduto dal demonio.

Comunque a parte questo non c'erano state lamentele. Invece la sera che si sarebbe poi conclusa nel sangue sono stati in molti, ben prima del raccapricciante volo, a udire urla e imprecazioni provenire dall'alloggio dei Fraricciardi.

42

Con la forza dell'amore

L'impressione che se ne ricavava era quella di una persona fuori di testa[5] e di un'altra che cercava di farla ragionare. Si e poi saputo che più o meno le cose sono andate effettivamente così. Alla fine Domenica Miele, con la forza dell'amore e della preghiera, è riuscita a calmare la figlia. Dopo di che insieme hanno preso a recitare il rosario come un rito propiziatorio per aiutare la giovane a liberarsi dall'ossessione di essere tormentata dal demonio.

Ore e ore in preghiera, a cantilenare[6] le stesse frasi fin quasi ad autoipnotizzarsi. A un certo punto alla più anziana si sono chiusi gli occhi. La figlia l'ha guardata, nella sua mente confusa la fisionomia stanca della mamma ha assunto i tratti di una presenza diabolica. Si è alzata, è andata in cucina, ha impugnato un coltello e ha aggredito chi le aveva dato la vita.

Domenica Miele, probabilmente dopo aver cercato invano di far rinsavire la figlia, è scappata sul balcone in cerca di salvezza. L'altra le è saltata addosso, l'ha rovesciata oltre la balaustra, l'ha spinta nel vuoto. Poi da sopra, gridando *'Vattene Satana, vattene demonio!'*, le ha scaraventato addosso mobili e suppellettili, lei sì come un demonio inferocito e senza cuore.

1 Urlare a squarciagola: to shout at the top of her voice.
2 Elevato ceto sociale: from a higher social class.
3 In concomitanza con: concurrently with.
4 Persone in vista: prominent people.
5 Persona fuori di testa: out of her mind.
6 Cantilenare: sing as one sings a nursery rhyme.

2.6 'Non sono un mostro' (Gianfranco Bettin). A report in *Il Manifesto*, 1 December 1991, on the case of a young man who murdered his parents for their money, a case which provoked widespread debate in the press.

Montecchia di Crosara, in provincia di Verona, è un posto nel verde, nel cuore del Veneto profondo e dell'Italia benestante. Non è un posto divorato dal cemento della speculazione, sfregiato dall'asfalto, snaturato, alla vista, da un duro impatto con la modernità. I tempi nuovi, qui, rispetto al dopoguerra, rispetto agli anni della fatica e dell'arretratezza prolungatisi fin dentro ai '60, non hanno portato stravolgimenti, perdita dell'immagine antica. Tutto sembra uguale a ieri. Sono più ricco, più sazio. I padri (e le madri) hanno lavorato con fatica, e lavorano ancora con fatica. I più giovani, i figli, erediteranno il frutto del loro lavoro, a suo tempo. Pietro Maso, a quanto pare,[1] non voleva aspettare quel tempo. Reo confesso[2] del massacro dei propri genitori (giovedì comincia il processo presso il tribunale di Verona) ha dichiarato, dopo l'arresto nell'aprile scorso, di averli uccisi per ereditare subito gli averi. La vita che voleva aveva estremo e immediato bisogno di quei risparmi, di quegli investimenti, di quei possedimenti. È assolutamente da escludere che li avrebbe dilapidati. Che, cioé, si sarebbe comportato da sprovveduto consumandoli in una stagione di follie e di vizi e sfizi appagati.

Avendolo incontrato nel carcere di Verona – insieme a Enrica Toninelli, della redazione di *Profondo Nord*, il programma di Raitre condotto da Gad Lerner – potrei dire, se la cosa non mettesse sgomento anche a me, che Pietro Maso è un tipo con la testa sulle spalle.[3] Che cosa, poi, ci sia dentro questa testa, è un altro discorso. Ma non ce l'ha affatto sulle nuvole.[4] Vittorino Andreoli, lo psichiatra che ha compiuto su Maso e i suoi giovanissimi complici, la famosa perizia, segnala la forte sindrome narcisistica che distinguerebbe Maso (e, in parte, uno dei suoi complici). Ma è questa la sola 'patologia' che ha riscontrato sul giovane, per il resto perfettamente inserito, da sempre, nella vita sociale del suo ridente paese immerso nel verde. Ciò che più colpisce, in Maso, è proprio la naturale normalità che denuncia. Né alto né basso, né magro né grasso, né bello né brutto. Vestito casual ma con esperta cura, scarpe da ginnastica, felpa e jeans giusti. Parla incespicando un po' nel passaggio tra il díaletto (che deve essere abituato a usare correntemente) e l'italiano, ma è capace di articolare il discorso anche quando si misura su materie scottanti, su delicati equilibri. Sa dire e non dire, eludere i discorsi, depistare. Sa dire 'no comment' al momento giusto, sia pure con parole sue. Non ama la televisione. Non legge e non ama i fumeti. Legge di motori. Legge il quotidiano locale (*L'Arena*) tutti i giorni. Non è un mostro.

Come il suo paesino, normale e tranquillo posto nel verde circondato da colline e, più lontano, da montagne più alte e scure, Pietro Maso emana normalità e sicura consuetudine con i nostri tempi. Non è disadattato, devastato palesemente dall'impatto con la vita e con il mondo. Come il suo paese, se qualcosa lo segna e lo rende inquietante, e forse perfino aberrante, è qualcosa che viene da dentro e che dentro agisce e matura, al riparo di[5] quell'aspetto normale, di giovane d'oggi che assomiglia un po' a Eros Ramazzotti (il suo cantante preferito, peraltro con Vasco Rossi), esattamente come matura al riparo del verde ameno, dei vigneti, del torrente Alpone, l'inquietudine e oggi lo smarrimento di Montecchia di Crosara.

'Non sappiamo più chi siamo. Credevamo di saperlo, cioé, ma oggi capiamo che non è così' diceva di recente il preside della scuola media di Montecchia, Gino Lunardi, che ha avuto il coraggio di invitare in paese Andreoli a parlare di giovani e di quello che è accaduto. Quando si è saputo che nella sua famosa perizia, Andreoli aveva tra l'altro messo sotto accusa la società locale, i cittadini offesi e choccati avevano reagito con la protesta e l'invettiva. Ora

Andreoli ha sostanziato le sue immagini a volte al limite del bozzetto ('È una società dove vale di più un maiale o un paio di buoi che una moglie') e comunque drasticamente critiche ('È una società che è stata riempita di denaro poiché c'è stato il boom agricolo e dove le banconote vengono nascoste talora nei pavimenti delle camere da letto oppure nelle banche'), presentando i dati di due ricerche svoltesi proprio nella zona di Montecchia. Emerge da esse la predominanza del valore del denaro, che cresce man mano che si avanza nell'età fino a diventare estremo negli adulti. Crescere, maturare significa insomma acquisire questo valore soprattutto.

Godersi la 'Roba'

Pietro Maso, secondo questa lettura, voleva crescere in gran fretta, subito appunto. Egli stesso ce lo conferma quando ripete ad esempio: 'Si fa sempre qualcosa in cambio di qualcos'altro, no? Se tu mi dai qualcosa, ockey, ci mettiamo d'accordo e arrivo fino a qua. Poi si ridiscute, no?'. Da questo punto di vista sembra un perfetto prodotto di un'educazione che privilegia la 'roba', l'avere, il possedere. Solo che, a differenza dei genitori, l'erede aveva voglia di godersela, anche, quella ricchezza.

Un mondo senza fratture, che ha sempre rielaborato tutto nel segreto delle mura domestiche, dove tutto si accomoda infine e da dove infine si esce sul piazzale o sul sagrato della chiesa come se niente fosse, rispettabilissimi e perbenissimi. E' un mondo che diseduca i propri figli al senso della tragedia e dell'irreparabile, della gravità impensabile degli atti commessi.

'Bisogna dare a un ragazzo che ha fatto una cazzata[6] una possibilità': questa frase di Pietro Maso divenuta celebre dopo che Enrica Toninelli l'ha riferita nella puntata veronese di *Profondo Nord*, esprime esemplarmente questo senso del falso quieto vivere,[7] del lavare i panni sporchi in famiglia.[8] È il solo momento in cui Maso ci sembra fuori dal mondo. Non si rende conto che quella cazzata l'hanno ormai vista tutti nella sua feroce enormità e che essa è, appunto, irreparabile? Che qualsiasi 'possibilità' gli venga data passa attraverso una vera assimilazione, una vera consapevolezza tutta da acquisire della tragedia accaduta e del male compiuto?

In realtà, proprio in quel momento, Maso era forse il più dentro possibile al mondo, al proprio mondo, quello cioé conosciuto lungo tutta la sua vita. Si fanno 'cazzate', ma poi le cose tornano a posto. Ci si lava, ci si cambia per bene, si esce a far passeggio o al bar o alla chiesa. È esattamente quello che hanno fatto dopo il massacro.

'Ho fatto una cazzata'

È per questo, in fondo, che Maso non capisce perché i suoi amici e conoscenti, quelli che lo avevano 'visto fin da bambino', non gli danno ora questa possibilità, non gli scrivono nemmeno. Nessun coetaneo di Montecchia, nemmeno la ragazza che Pietro aveva da un anno e mezzo (da altrove gli arriva 'qualche lettera' dice: altro che le centinaia che il *Corriere della sera* ha sparato in prima pagina,[9] suscitando un gran clamore, e un gran rincorrersi di dibattiti, quasi sicuramente costruiti sul nulla. Ripeto: Maso ci ha parlato solo di 'qualche lettera' di 'qualche curioso, di qualche signora che vorrebbe aiutarci' e non di centinaia di lettere di fans ammirati).

E per questo rifiuta l'etichetta di 'mostro'. E' come se dicesse: non ho fatto che muovermi secondo valori e modi di sempre. È vero che ho fatto una 'cazzata', ma ora voglio avere un'altra possibilità. E l'abisso che separa la 'cazzata' dalla nuova 'possibilità' gli deve sembrare valicabile con un salto.

1 A quanto pare: so it seems.
2 Reo confesso: someone who has confessed to the crime.
3 Tipo con la testa sulle spalle: a guy who's all there.
4 Non ce l'ha affatto sulle nuvole: he doesn't go around with his head in the clouds.
5 Al riparo di: behind.
6 Fatto una cazzata: made a right balls-up.
7 Falso quieto vivere: contrived quiet life.
8 Lavare i panni sporchi in famiglia: wash dirty linen at home (as opposed to 'in public').
9 Sparato in prima pagina: headlined.

Exercises

1 Examine the use of sources (e.g. *carabinieri*, eye-witnesses) in the articles reporting crime.

2 Analyse the language of the reports with reference to Arrigo Benedetti's guidelines concerning 'frasi fatte' or to Natalia Aspesi's comments.

3 What function do quotations have in portraying the figure of Pietro Maso in 'Non sono un mostro'?

4 Discuss how the reports relate the crimes committed to questions of individual psychology and social circumstance.

2.7 'I "terroni" integrati'. An extract from Giorgio Bocca's *La scoperta dell'Italia*, Bari, Laterza, 1963, pp. 434-7, the book version of a series of reports for *Il Giorno* on an Italy transformed by the economic miracle. Here Bocca is in Turin.

Né bisogna dimenticare, parlando del ceto operaio torinese, della Torino 1963, la presenza degli immigrati meridionali. In dieci anni vi sono giunti circa duecentomila meridionali, i 'terroni',[1] ovviamente di umili condizioni, pronti ai lavori più umili nelle fabbriche e fuori.

L'atteggiamento di Torino verso i meridionali è stato, in questi anni, civile e ambiguo, secondo un modulo che si direbbe inglese: una certa sufficienza etnica, ma dentro le regole del gioco e le buone maniere pragmatistiche. Qualcosa che assomiglia al razzismo, ma in una struttura civile che esclude il razzismo. Il problema di una scelta fra le due civiltà non si poneva neppure: quella contadina degli immigrati veniva qui a una resa senza condizioni.[2] Agli immigrati non restava che chiedere l'integrazione. Torino gliela ha concessa alternando il bastone alla carota.

Il bastone, cioè il disprezzo e la durezza regionalistici, è stato usato con una certa frequenza fino a tre anni or sono. Cartelli nelle portinerie con su scritto: 'Qui non si affitta ai meridionali'. Scritte sui muri 'Abbasso i terroni arabi'. Certi negozi a Pasqua e Natale auguravano 'Buone feste ai piemontesi'. Altri non facevano credito ai terroni. Gli esami professionali erano più severi con gli sprovveduti meridionali che con gli esperti settentrionali. Poche o punte le rappresentanze in una amministrazione civica che del resto era rimasta integralmente piemontese sino al 1915, escludendo anche il noto teorico della politica, Mosca,[3] insegnante nell'Università torinese ma oriundo siciliano.

La carota è stata consigliata dalle necessità che le fabbriche avevano di manodopera. La città ha subito capito che il suo sviluppo economico dipendeva anche dai 'napoli', ed ha speso decine di miliardi per accoglierli e per sistemarli. Poi anche i negozianti hanno capito che i meridionali potevano essere ottimi clienti, magari più onesti degli onestissimi piemontesi. E ne hanno preso le difese.

Il duplice atteggiamento della città ha trovato naturalmente espressione in quel fedele specchio della città che è 'La Stampa'. Pronta, in sede di cronaca nera, a rassicurare l'autoritarismo dei piemontesi, sottolineando l'origine meridionale di ladri, assassini, truffatori e chiedendone la esemplare punizione. Ma poi aperta, nella rubrica 'Specchio dei tempi', a tutte le lettere dell'abbracciamoci siamo tutti italiani e del piemontese che tende la mano al bravo meridionale che ha capito quanto sia felice la vita obbedendo al bravo padrone.

Certo i meridionali, posti di fronte a una società omogenea, ordinata secondo la ferrea gerarchia industriale, non avevano scelta, dovevano accettare l'integrazione e l'hanno accettata rapidissimamente. Dopo pochi giorni che abita a Torino, il giovane meridionale tenta già quel primo gradino dell'integrazione che è il dialetto piemontese, aggiungendovi una sorta di slang: dal 'Moncalieri' italiano al 'Muncalé' piemontese attraverso un bastardo 'Montecallé'; dal 'quartiere di Milano' alla 'barriera d'Milan' attraverso la 'barrera da Malano'. E dopo qualche mese, si veste, si comporta, pensa come un piemontese. Solo quando il Napoli o il Catania giocano contro la Juventus, la nostalgia della terra d'origine si risveglia.

Torino, come città che vuole l'integrazione, non è città di ghetti. Ci sono, è vero, dei quartieri abitati dai meridionali, ma come quartieri limbo, come quartieri di attesa e di passaggio. Il più noto quartiere meridionale si trova proprio al centro della città, intorno al Municipio e di fronte al palazzo Reale. Per uno che venga da altre città italiane pare incredibile che le case più cadenti e meno care siano proprio in quel centro che a Milano o a Roma ha prezzi folli. Ma l'industria come forza egemonica della città spiega anche questo: l'industria non ha bisogno di sedi commerciali al centro o di un quartiere degli affari, ed anche i quartieri di abitazione se li è costruiti verso le fabbriche.

Così nel centro di Torino vi è una casbah[4] dove ci sono queste condizioni di vita: cinque o sei persone per stanza; in certe case un rubinetto per cento persone e un gabinetto per cinquanta; i materassi di lana o di gomma come eccezione, quelli di trucioli come regola; le donne che si tappano in casa perché 'da noi usa così'; gli uomini in cerca di lavoro che si trovano al bar di Gino e tentano inutili riedizioni della mafia o della camorra. Ma poi l'industria risolve tutto, quando lui o lei trovano un posto in fabbrica cambiano vita, quartiere, alloggio.

L'orgoglio etnico piemontese, quella cosa che assomiglia al razzismo senza esserlo, è civile ed ambiguo. Esso si compiace di una superiorità del censo piemontese, ma non sbarra le porte della ricchezza ai nuovi venuti. Difendendo però i posti di effettivo potere. La maggioranza dei meridionali è meno ricca della maggioranza dei piemontesi. I meridionali fanno le esperienze e scoprono i piaceri di cui i torinesi si sono già disfatti: i comizi, i baracconi in piazza Vittorio, le passeggiate al Valentino. I torinesi si occupano d'altro, emigrano ai mari e ai monti nelle loro scatolette motorizzate. Ogni tanto qualche meridionale arriva alla macchina ed è immediatamente promosso, va a ingrossare l'esercito del benessere piemontese. Però negli alti gradi, nei posti che contano davvero è difficile che ci arrivi. Mentre a Milano, a Roma i meridionali hanno posti di comando nei giornali, nelle banche, nelle società finanziarie, nel foro, qui restano ai gradi intermedi, tranne l'eccezione dell'ingegner Gabrielli, direttore alla Fiat.

1 'Terroni': term of abuse applied to southerners.
2 Resa senza condizioni: unconditional surrender.
3 Mosca: Gaetano Mosca, political theorist writing in the early twentieth century.
4 Casbah: old Arab quarter of North African cities.

2.8 Gad Lerner's 'L'Italia e il razzismo: il clandestino', *L'Espresso*, 2 February 1986, pp. 6-11, is a report based on the journalist's journey through Italy 'disguised' as an illegal immigrant of Moroccan origin. Lerner subsequently presented a current affairs programme on television and is currently deputy editor of *La Stampa*.

Dalla Sicilia alla Lombardia un nostro redattore si è messo nei panni di uno straniero immigrato. Ha vissuto l'umiliante ricerca del lavoro nero, le notti all'aperto. Ecco il suo diario.

Chiedo scusa al lettore, ma per una volta devo cominciare parlando di me. Sono nato a Beirut (da una famiglia ebraica) e, benché risieda in Italia fin dalla più tenera infanzia, il nome straniero accompagnato sui documenti d'identità all'indicazione di quella città insanguinata, procura immancabilmente – quando io li debba mostrare ad un qualche controllo – istintivi sospetti, soste prolungate, accurate ispezioni. Per una volta, dunque, ho utilizzato il mio nome e il mio scomodo luogo di nascita a un utile scopo: percorrere l'Italia (Razzista? Spaventata? Generosa? Ospitale?) lungo l'itinerario tipico di un immigrato clandestino, con la barba lunga ed un abbigliamento adatto.

È una striscia di mare da niente, solo 138 chilometri, ma divide il Sud dal Nord del mondo, e attraversarla dalla Tunisia alla Sicilia è un po' come passare il Rio Grande a El Paso, dal Messico al Texas. Fra qualche settimana Roma imporrà il visto[1] – e allora bisognerà pagare caro i pescherecci disponibili al trasbordo clandestino,[2] – ma per ora lo sbarco a Trapani o a Palermo richiede in tutto poco meno di cinquantamila lire per il biglietto. Basta un'occhiata veloce al registro dei ricercati e degli indesiderabili, poi il timbro d'ingresso arriva puntuale sull'ennesimo passaporto tunisino, algerino, marocchino. Molti marocchini da Trapani prenderanno il pullman per Palermo, sperando di trovare un letto al loro solito albergo Diana di via Roma e ritirando subito i primi accendini, orologi, tappeti dai grossisti di via Bandiera, quelli che in pegno[3] ti chiedono il passaporto.

Quasi tutti i tunisini, invece, cercheranno di rendere meno brusco il trapasso andando col treno a far sosta nella loro colonia di Mazara del Vallo. Li seguo. Penetro le viuzze dietro al porto dei pescherecci e incontro suor Margherita

Fortuna, una fiorentina che si sforza di aiutare gli stranieri clandestini almeno quando sono vecchi o malati. 'Sorella, non c'è un centro di prima accoglienza, un dormitorio?' Non c'è niente, bisogna arrangiarsi con l'ospitalità degli altri cinquemila tunisini già entrati nelle case abbandonate o affittate dagli italiani'. 'Neanche una pensione?' 'Una volta a chi arrivava qui senza parenti, consigliavo le camere di una signora, in fondo a via Giotto. Ma poi ci ho litigato, ammucchiava la gente come bestie su due piani abusivi senza vetri e senza porte, gli diceva di procurarsi da sé brandine e pagliericci e per giunta si lamentava che erano sporchi e le distruggevano la casa'.

Vado in via Giotto la sera di lunedì 13 gennaio e trovo uno stabile piuttosto nuovo, anonimo, senza insegne, lontano dalle case fatiscenti e terremotate della vecchia casbah. Sotto il portone due ragazzi arabi mi confermano che lì si fa pensione e che la proprietaria è una vedova energica e robusta, la signora Roccafiorita. Con me non perde tempo: 'Via, via, di questi tempi non ci si può fidare, qui siamo tutti parenti, prendo solo gente conosciuta'. Il giorno dopo, quando riuscirò a entrarci grazie ai buoni uffici di un vecchio residente, troveranno conferma le peggiori descrizioni della suora, e la vedova mostrerà con disappunto l'ultimo piano diroccato che ora tiene vuoto, ma che vorrebbe affittare ad una famiglia tunisina con donne al seguito: 'Gli uomini soli bevono, litigano, si picchiano e sfasciano tutto'.

Intanto lo spilungone dall'aria molto derelitta e dalla pelle molto scura che mi riaccompagna verso il molo, giura che quella lì è un'ottima pensione, quasi di lusso, roba da diecimila lire a notte, secondo lui. In quanti per stanza? Cinque o sei, ma solo di nazionalità tunisina. È gentile, per consolarmi mi offre di andare a dormire nella sua stanza dietro al porto, ma – lo confesso – sono impedito dal suo indelebile, nauseabondo odore di stiva di peschereccio, là dove forse si sbudellano i pesci da surgelare. Se anche questo è razzismo, ne sarò subito punito: per sbaglio una donna mi rovescia addosso sul molo l'acqua in cui stavano a bagno i suoi pesci morti. Ora la mia somiglianza con gli immigrati e ancora più completa.

Vendersi in piazza

Martedì sera, 14 gennaio, il circolo dei biliardini è stranamente meno affollato del solito. 'Molti ragazzi preferiscono non rischiare. Sanno che la nave per Tunisi parte il mercoledì, e dunque se la polizia ha l'ordine di espellere un po' di gente viene qui a fare la retata una sera prima', mi spiegano. Mohamed Bazine, il gestore, si fa chiamare Roberto e mi dà buoni consigli. Evitare l'inutile passeggio lungo il molo perchè tanto sui 400 pescherecci trovano lavoro solo i più robusti e sperimentati. Meglio provare a vendersi la mattina presto di fronte al tabaccaio di Porta Palermo oppure sulla piazza di

Campobello per una giornata di lavoro in campagna, anche se non è la stagione migliore. A meno che uno abbia la forza di andare a tagliare e caricare 'cantuni', cioè massi di tufo, nelle 'perriere', le cave tra Marsala e Mazara ('quelli sono come gli schiavi', mi aveva però avvertito suor Margherita, pensando agli stranieri che poi si fermano a dormire lì di fianco alle cave, nelle grotte o nei ruderi di muratura). 'Schiavi? Perché offenderli?', si inquieta Roberto. 'Nessuna vita è schifosa, se uno se la sceglie, e loro, soli, senza famiglia, scelgono di risparmiare. Dormono sulla paglia, è vero, col tetto aperto, ma hanno le coperte e quindi non soffrono il freddo'.

L'indomani un nuovo amico, Habib, mi accompagnerà a Santo Padre delle perriere, dove la terra è piena di buchi come una gruviera. I neri, sotto l'occhio vigile dei loro padroncini, ne scavano le pareti con la sega elettrica fino a tagliare dei 'cantuni' da costruzione perfettatmente regolari. Poi bisogna sollevarli con delicatezza uno a uno (pesano decine di chili), levigarli e caricarli a mano. Si lavora dieci ore al giorno, si possono guadagnare duecentomila lire alla settimana. Il massimo, per uno straniero.

Intanto la nostra discussione ha attirato Ayed, un ragazzo dalla pelle chiara, detto Maradona per via della sua pettinatura.[4] Suo cugino è in mare col peschereccio, se voglio per stanotte c'è un letto libero, all'ultimo portone di via Guido Cavalcanti.

'Gheddafi? Chiddu non mi piace, chiddu tiniri i fimmine divisi dalli masculi …'.[5] Ayed-Maradona, aiutocuoco in un ristorante di Marsala, ha imparato a parlare il dialetto ma non l'italiano. È un giovanotto fortunato, Ayed. Il suo padrone gli passa 600 mila lire al mese, d'estate qualche volta lo porta con la 'Bmw' in una discoteca di Trapani, poi lo fa dormire nella cucina del ristorante. In cambio, se arriva l'ispezione della polizia Ayed dichiara di essere solo un amico. Abita in una casa di recente costruzione, di quelle mai del tutto completate eppure già degradate.

Nessun armadio, pochi indumenti di ricambio appesi al muro. La finestra con il vetro rotto, la lampadina nuda che pende dal soffitto, il vecchio frigorifero arrugginito. Spoglio più ancora di una cella carceraria, è un dormitorio occasionale al punto che Ayed non ha un giaciglio suo abituale, ma sceglie a caso fra le quattro brandine notte per notte. Notti animate da arrivi improvvisi, chiacchiere e risate fino alle ore piccole quando i primi cominciano ad alzarsi per cercare 'servizio'. E poi magari il rumore di un sasso lanciato sulla tapparella: allora si sbircia per controllare chi cerca un letto nel cuore della notte e se è una persona sgradita si fa finta che non ci sia nessuno. L'odore di fogna che viene dalle tubature del cesso impregna tutta la casa. Meglio coricarsi, vestiti e con le coperte fin sulla testa a proteggersi dal freddo. Domattina sveglia alle cinque e mezza per cercare 'servizio'.

Mercoledì 15 gennaio, prima dell'alba. Ci si vende sulla piazza di Campobello, la frazione agricola di Mazara, sotto il cartello dell'Agip, di fianco alla locandina dell'ennesimo cinema porno oppure di fronte, dove c'è l'ingresso della Cassa rurale. Saremo una ventina, dritti, immobili e silenziosi come prostitute. Sto con alcuni ragazzi che ho visto la sera prima al circolo, hanno tutti l'alito inacidito dal vino bevuto di prima mattina. Io preferisco il cappuccino, ma quando la padrona del bar Mericaff si accorge che sono un italiano subito si sfoga: 'Io ho paura, non se ne può più, se Iddio facesse la grazia di lasciarcene solo qualcuno di quelli bravi, selezionati e si portasse via tutti gli altri! Questi si ubriacano tutto il tempo, hanno violentato una ragazza'. 'Davvero? Qui a Campobello?'. 'No, a Castelvetrano, ma può sempre succedere. Non sono razzista, anch'io sono emigrata in Svizzera e però lì erano duri, chi sgarrava veniva sbattuto via'.

Torno sul marciapiede. Una '131' che ne prende su tre caricherebbe anche me. 'Quanto?'. 'Ventimila come tutti gli altri, è un lavoro leggero, c'è solo da potare la vite'. 'No, è poco, non mi va'. E gli altri si voltano stupiti di questa rivolta, mentre l'autista neanche mi risponde e dà un'accelerata col suo carico umano infreddolito. A chi non ci sta, resta una sola alternativa; salire su un treno ed emigrare ancora più a nord.

Una notte alla stazione

Ci vogliono più di venti ore di viaggio per arrivare a Roma, capitale dell' immigrazione clandestina (con i suoi presunti centomila irregolari), città che la strage di Fiumicino ha reso ostile nei confronti di chi ha la pelle nera od olivastra e che comunque non è più da tempo in grado di dare lavoro. Chi, come me, la considera solo una tappa del viaggio verso nord, non può che mantenersi a ridosso di quell'epicentro della disperazione che è la stazione Termini.

Saremo in un centinaio a dover passare la notte, fortunatamente tiepida, alla stazione. Quasi tutti arabi e neri, ricomparsi alla spicciolata nell'atrio della biglietteria dopo che si è allontanata la speciale roulotte di sorveglianza piazzata lì di fronte dalla polizia. Ma alle 23 i barboni italiani, sicuri di non venir più disturbati, ed esperti conoscitori di ogni anfratto, hanno già occupato i posti migliori. In via Giolitti, quella dell'air terminal hanno trovato degli ottimi cartoni semi-nuovi con su scritto 'Fragile'. A vederli si direbbe che li dentro non c'è nessuno, non fosse che per un piede che spunta. Sull'altro lato, invece, in via Marsala, gli ambitissimi balconcini con le grate di aerazione che soffiavano aria calda sono stati da tempo carognescamente bloccati con obliqui coperchi di lamiera, per cui nemmeno un equilibrista ci si potrebbe distendere più. Restano dunque i pur sempre comodi sedili di plastica dell'atrio, che oltretutto sono al chiuso, su cui accartocciarsi, magari tirandosi sulla testa un maglione a collo alto fino a nasconderla completamente.

Di fronte ho una vecchia eritrea senza calze, con i capelli candidi, licenziata l'anno scorso da colf. Di fianco un ragazzo tunisino che domani vuole continuare il viaggio non sa neppure bene lui per dove, e quindi trova stupido spendere i soldi per una pensione. Siamo tutti disturbati da un algerino alto e robusto che non smette un attimo di offrirci sigarette, passeggia con la bottiglia in mano, grida in un miscuglio di francese, arabo e italiano, sputa dappertutto. Sarà la nostra colonna sonora molto a lungo. Ma intanto, alle una meno dieci, i primi appisolamenti sono bruscamente interrotti da un ferroviere che si mette a gridare 'Fuori!', 'Closed'. Così, all'aperto, ricomincia un brulichio umano disperato. Si tratta di resistere tre ore: alle quattro la stazione riapre. Ma sono le ore della disperazione, è qui che – in caso di freddo e pioggia – si organizzano le comitive per cercare rifugio in qualche vagone.

Passeggio per piazza dei Cinquecento, incontro i primi omosessuali che vengono fin sotto la vetrata di Termini, là dove c'è il posteggio dei taxi, a rimorchiare con sguardi disperati i ragazzi arabi desiderosi di un letto purchessia. Davanti al tabaccaio di turno, urto per sbaglio un tipo grande e grosso: 'Sta' attento, mao mao!',[6] impreca. Quando un poliziotto sardo delle tante pattuglie che ronzano per la piazza mi ferma e m'identifica ricevo la seguente spiegazione: 'È ovvio che nella sorveglianza se si deve chiudere un occhio è per il vecchietto italiano che dorme, poverino. Per gli stranieri invece è diverso, con tutti i casini che stanno facendo di questi tempi'. Alle tre siamo quasi tutti accucciati sotto la tettoia, anzi, chissà come, stiamo aumentando di numero. Le grida gutturali dell'ubriaco non si spengono mai. Lui, un posto per dormire le prossime sere l'ha trovato poco più tardi, quando, chissà perché, s'è avventato su uno qualunque dei tanti mucchi di cartone e ha preso a calci in testa un barbone italiano. Le pantere della polizia se lo sono portato via, insieme a un distributore di giornali che farà da testimone e al barbone tutto insanguinato. Ora c'è più silenzio.

Siete come gli ebrei

L'ufficio stranieri della questura di Milano per fortuna non richiede le famigerate file dalle cinque del mattino necessarie a Roma. Ma pure in questi giorni vi si coglie il nervosismo tipico dei reparti sotto pressione. Sento protestare nella stanza accanto: 'Ma chi è che ci dà certe segnalazioni? Siamo andati in quattro pantere a piazza Aspromonte per trovarci solo uno jugoslavo e un altro straniero segnato sul registro. Questo è spreco!'. C'è chi dice che dopo la strage di Fiumicino[7] le espulsioni di stranieri irregolari sono gia state duemila in tutta Italia, di certo solo a Milano si firmano cinquemila fogli di via all'anno (ma sono quasi tutti solo dei pezzi di carta: se non viene proprio espulso – a spese dello Stato – lo straniero mica se ne va). Si avverte la polemica con la Curia che protegge i clandestini: 'Dandogli da dormire anche se sono fuorilegge credono di aiutarli, e invece aiutano chi li sfrutta'.

C'è un fondo di verità anche in questi discorsi poco pietosi: se per strada forse non ho incontrato il razzismo classico dei tedeschi e dei francesi, non ci sarà invece una certa predisposizione allo schiavismo, a far soldi con disinvoltura sulla disperazione altrui? Me lo chiedo dopo essere sceso con molti altri marocchini dal tram 33 davanti alla SO.CO.R. di via Morgagni, nei pressi della casbah di Porta Venezia. I gestori napoletani buttano a piene mani sul banco orologi, pinze per batterie, calcolatorini, portachiavi sonori, qualche sveglia ... I marocchini scelgono con una cura che appare patetica, visto che poi tanto riusciranno a vendere quasi solo accendini.

Dopo che hanno chiuso l'albergo Nazionale – quello la cui proprietaria sequestrava i passaporti dei debitori – a Sesto San Giovanni mi hanno consigliato l'alloggio il Ponte, vicolo Baldanza. Ma il proprietario è secco: 'Niente stranieri, non ne prendo più. Mi dispiace, ci saranno anche dei bravi ragazzi, ma litigano e poi danno rogne'. Dice solo una mezza verità, perché lui gli stranieri li ha cacciati, sì, quasi tutti, meno Franco, camera numero 3. Franco si chiama Busheib Jakini, è un marocchino di Casablanca senza la gamba destra che cammina per Sesto con la sua stampella arrugginita, e che da anni ogni sera gli paga 14 mila lire di pensione.

Eppure Franco è anche un fortunato, perché lui ormai ha il suo posto di vendita fisso alla stazione della metropolitana. Vende – anzi, oggi, venerdì 17 gennaio vendiamo insieme – pullover e pantaloni con su l'etichetta di Armani o Coveri. Il prezzo è di 35 mila lire a capo, a meno che veda un poveretto come lui, e allora gli fa lo sconto.[8] Quando ha tolto le quattrocentomila e più della pensione, di lire gliene restano appena per mangiare. Qualcuno compra per amicizia, per carità. Ma non adesso, che sono appena passate le feste.

Si avvicina un giovanotto dalla giacca a vento azzurra: 'Allora Gheddafi, madonna sei proprio identico a Gheddafi, non ti hanno ancora cacciato via?'. 'Tu parlare sempre fuori posto. Gheddafi ha i miliardi, io non ho i miliardi'. 'Come no? Chissà perché voi marocchini siete come gli ebrei, avete sempre le tasche piene di questi!', e fa il segno dei quattrini con le dita,[9] mettendogli l'altra mano sulla spalla. Insiste: 'Ehi, Busheib Jakini, dove hai messo le tue quattordici mogli? Non sai che non puoi averne più di quattro, che se no ti tagliano il "zeb"?[10] E cos'è, oggi ti sei portato l'amico?'. Ride, poi timbra il biglietto e se ne va. 'Fa così tutti i giorni, due volte al giorno', mi confesserà con disagio Franco, che non ha altri nemici se non i vigili urbani: se ti sequestrano la merce per vendita senza licenza, con quali soldi ne comprerai dell'altra? Per questo lui, che è mutilato e non può scappare veloce, ha scelto i pantaloni al posto degli accendini. Si nascondono in valigia molto più in fretta.

Al mercato di Sesto San Giovanni, il sabato mattina, funziona invece un buon servizio di vedetta. Appena un vigile compare in lontananza, la merce si nasconde dietro un'auto in sosta. Ad ogni potenziale acquirente, poi, vibra un 'pregoo' che suona come un'implorazione. Cosi, gli accendini e i ricambi di gas vanno discretamente. E stasera si andrà tutti in mezzo alla folla di corso Buenos Aires: 'Dove c'è ressa comprano più facilmente'. Già, se non altro per eliminare il disagio di un marocchino sempre intorno. Questo disagio dei passanti, pietoso o disgustato derivato dal contatto con una realtà sempre più invadente oltreché limitrofa, mi appare come una possibile premessa di quel nuovo, moderno antisemitismo, che del semitismo avversa anche il ceppo arabo oltre che quello ebraico, prendendo le distanze da un mondo considerato inferiore, sporco, inquinante.

Una caverna per dormitorio

'Sì, qualche volta sono stato anche da fratel Ettore, però è meglio dormire all'aperto. Lì si dorme e si mangia gratis ma c'è della brutta gente, con la testa mica a posto', mi aveva avvertito Franco. Ma la sera di sabato 18 gennaio vado lo stesso in via Sammartini, proprio sul fondo, nel ventre oscuro e riparato della Stazione Centrale, fra sotterranei e binari morti, là dove fratel Ettore, a differenza di quanto accade nel dormitorio comunale di viale Ortles, non chiede agli stranieri se hanno il permesso di soggiorno.

C'è una specie di rete di pollaio che divide i barboni buoni da quelli cattivi, ubriachi, urlanti. Se hai l'aria calma, gli (eroici) volontari cattolici aprono con cautela un lucchetto e ti fanno passare. Gli altri, i 'pericolosi' che assediano la rete, ti lanciano sguardi d'odio e alimentano il grande falò che, notte dopo notte, ha rinsecchito il salice piangente sotto cui s'accovacciano.

Vado dentro. Sembra una caverna, questo grande archivolto, ex rifugio antiaereo[11] tappezzato con vari spezzoni di linoleum e di ondulex, con sulla destra il deposito della biancheria sporca, sulla sinistra i cessi, in mezzo i tavoli e tutto intorno dei divani rimediati chissà dove con i vecchi che ci dormono già. Questa è la casa dei malati di mente, dei vecchi dalle barbe di lunghezza inverosimile, ma soprattutto degli stranieri annichiliti dall'incapacità di vivere.

C'è l'egiziano con un incredibile orecchino che cerca di fregarmi dalla tasca il berretto di lana. Altri si disputano una sciarpa per la notte. Un tunisino s'è impietrito davanti alla sala dormitorio, con un sorriso ebete. Il suo amico insiste, aspetta che entri: 'Ma cosa vuoi? Che ti spogli io? Vuoi dormire in piedi?' Ma quello non si sposta, non risponde.

Già per due sere consecutive sono venuti i carabinieri a setacciare gli immigrati clandestini, e gli ospiti italiani del dormitorio ne sono soddisfatti: 'Lo vedi quel fazzoletto nuovo per terra? Lo ha chiesto uno di quelli, solo che non sa come si usa e lo ha subito buttato via. Cosa credi, che se vado a chiederne uno io me lo danno, il fazzoletto?'. 'Io facevo il cameriere, e se sono finito qui è perché quelli mi hanno rubato il lavoro'. 'Si vede che gli italiani ci hanno scritto in fronte che sanno arrangiarsi, e invece gli arabi bisogna aiutarli'. 'Alla Stazione Centrale da quando ci sono gli stranieri non si può più passare la notte in pace, ma finalmente la polizia ha cominciato a beccarli per bene!'

Saremo in ottanta, nel dormitorio tappezzato con le scritte in scotch rosso dei dieci comandamenti, quando si apre una porta a soffietto e appare un altare ingenuamente decorato. Non so se sia un sacerdote quello strano personaggio, piccolo, con gli occhi a mandorla, grembiule blu e zuccotto maghrebino, che recita in mezzo ai clandestini: 'Al termine di questo giorno rendiamo grazie a Dio per quello che ci ha dato'.

1 Imporrà il visto: make it compulsory to have a visa.
2 Clandestino: here refers to illegal immigration.
3 In pegno: as security.
4 Detto Maradona per via della sua pettinatura: called Maradona (after the footballer) thanks to his hairstyle.
5 'Gheddafi … tiniri i fimmine divisi dalli masculi': 'Muammar Gadafy (Libyan head of state) … he's someone I don't like, he keeps the women separate from the men.'
6 'Sta' attento, mao, mao!': Racist reference to the Mau Mau rebellion against the British in Kenya in the1950s.
7 Strage di Fiumicino: Rome airport attack on Israelis in the mid-1980s.
8 Fa lo sconto: give a discount.
9 Fa il segno dei quattrini con le dita: makes a sign with his fingers meaning 'money'.
10 Se no ti tagliano il 'zeb': regional expression referring to penis.
11 Rifugio antiaereo: air-raid shelter.

2.9 'Vu' emigrà?'[1] (Alvaro Ranzoni), *Panorama*, **29 May 1988, pp. 74-81**, gives facts and figures on illegal immigration in Italy.

Vengono dall'Africa, dalla Polonia. Lavano i vetri delle auto, vendono chincaglierie, ma sono anche agricoltori e manovali. Sono gli immigrati clandestini, un esercito di 750 mila disposti a tutto. In Italia trovano lavoro. Ma da qualche tempo anche un'inattesa ondata di razzismo.

'Lo straniero dimorante fra di voi
lo tratterete come colui che è nato fra di voi:
tu l'amerai come te stesso perché anche voi
siete stati forestieri nel paese d'Egitto'.
(LEVITICO 19,34)

Più xenofobia che razzismo, almeno per ora. Ma l'allarme è suonato. Amete Debretzion, colf eritrea del giornalista Carlo Mazzarella, cacciata con il figlioletto da un autobus a Roma mentre solo due fidanzatini hanno avuto il coraggio di difenderla. Il pubblico del teatro Parioli che durante una puntata del *Maurizio Costanzo show* sull'argomento parteggiava apertamente per i sostenitori delle tesi antistranieri, tra cui il giornalista Domenico Bartoli mentre affermava che questi immigrati hanno una civiltà inferiore alla nostra. Prime impressioni su una realtà insospettata ma anche qualche dato preciso, come quelli emersi dal sondaggio della comunità S. Egidio fra 5.573 studenti delle scuole superiori romane che è stato un duro colpo per il milione e 200 mila stranieri in Italia tra regolari[2] e clandestini. Oltre la metà è favorevole alla chiusura delle frontiere. Otto su dieci vedono pesanti e negative conseguenze nella presenza degli stranieri in Italia. L'uno per cento si dichiara razzista.

'Colpa della scuola' afferma Graziano Tassello, sacerdote scalabriniano (la congregazione fondata per assistere gli emigranti). 'Mentre cultura, industria, business, mondo delle comunicazioni si sono aperti a una visione mondialista, la scuola è rimasta indietro, purtroppo'. Per lui, una specie di 'apartheid morbido' è in atto in Italia. 'Indifferenza civile' la chiama l'Ispes, l'Istituto di studi politici, economici e sociali che ha compiuto per conto del ministero del Lavoro il più aggiornato studio sulla condizione degli immigrati .

'Da studi fatti in Gran Bretagna sembra che il problema razziale cominci quando gli stranieri arrivano al 7 o l'8 per cento. Noi siamo tra l'uno e il due per cento' spiega Alberto Sobrero, l'autore della ricerca dell'Ispes.

Naturalmente ci sono gli stranieri considerati 'fisiologici', 450 mila. Tra questi, i diplomatici, gli studenti, gli uomini d'affari. Sono i 'regolari' che vivono per metà a Roma, Milano e Napoli. Il problema non dovrebbe riguardarli, a meno che non vengano confusi con gli altri, i clandestini.

Quanti sono? In passato si è fatto dell'allarmismo sulla 'marea nera' e sono circolate cifre fantasiose.

Dopo gli attentati terroristici del 1985, quando per la prima volta l'Italia si accorse dei suoi immigrati, si parlò anche di due milioni. Il ministro dell'Interno Virginio Rognoni preparò un disegno di legge, mai approvato, dove l'equazione stranieri uguale terrorismo era data per scontata. Rigidi controlli e chiusura ermetica delle frontiere sembravano la soluzione del problema. Fu ripristinato l'obbligo del visto con i Paesi del Magreb (Marocco, Tunisia, Algeria), ma il provvedimento durò solo sei mesi. Il sottosegretario all'Interno, il liberale Raffaele Costa, stimò che ogni giorno 400 clandestini varcavano le nostre frontiere, una marea di più di 100 mila persone all'anno.

Oggi la cifra è stata ridimensionata. Probabilmente si tratta di poco più di 100 persone al giorno. Sono sempre 50 mila all'anno. Quasi tutti arrivano senza bisogno di attraversare a piedi il confine verso Trieste o sbarcare di notte in Sicilia. Arrivano a Fiumicino o con le navi dal Nordafrica provvisti di visto turistico. Tranne i casi più evidenti non gli si può impedire di entrare. L'Ispes stima i clandestini a un massimo di 750 mila. 'Ma bisogna dividerli in tre sottogruppi per avere una visione esatta del fenomeno' avverte Gian Maria Fara, presidente dell'Istituto.

Il primo gruppo si compone di 300–350 mila 'stabili', persone che per ragioni economiche o politiche non torneranno nella loro patria, hanno creato in Italia legami affettivi e hanno un'attività lavorativa più o meno strutturata. Rientrano in questo primo gruppo gli eritrei (7 mila persone), per lo più colf, e i capoverdiani (8 mila di cui 7.200 colf), la schiera dei camerieri e cuochi egiziani, gli operai delle più antiquate fonderie di Reggio Emilia, delle posaterie del Bresciano o delle concerie di Arzignano, nel Veneto. Salario nero da 800 mila a un milione, orari massacranti, nessuna garanzia. In questo gruppo è più forte la tendenza a regolarizzarsi. Le colf eritree, capoverdiane, filippine sono ormai a posto con i documenti.

Ci sono poi 200–250 mila clandestini semistabili. Sono quelli che prevedono di restare per due o tre anni: fare un gruzzoletto,[3] imparare un mestiere e tornare in patria. Oppure quelli che considerano l'Italia meta di passaggio verso Stati Uniti, Canada, Australia e resto d'Europa, che però hanno ristretto molto i nuovi arrivi. Tendono a non integrarsi neppure con le rispettive comunità. Sono i lavoratori più sfruttati, gente disperata che pur di guadagnare qualche lira è disposta a subire angherie e ricatti di tutti i tipi. I più fortunati lavorano come uomini di fatica, manovali, sguatteri o lavapiatti a 700 mila lire al mese. Gli altri vendono chincaglierie e accendini ai semafori, lavano macchine nei garage di Napoli, si spostano a seconda delle esigenze nelle diverse zone agricole per la raccolta di frutta, verdura, pomodori, olive. Dormono nei retrobar, nelle cucine delle trattorie o in 10 in una stanza pagando fino a 80 mila lire a persona. Tra questa gente la camorra e in genere la delinquenza organizzata recluta con facilità la propria manodopera.

Infine il terzo gruppo: 150–200 mila clandestini occasionali o stagionali per lo più arabi, tunisini o marocchini chiamati dai connazionali o ingaggiati in patri da organizzazioni di sfruttamento, spesso con ramificazioni italiane. Lavorano per una stagione vendendo ciò che portano con sé o comprano dai distributori in Italia. Un carico di monili 'africani' fabbricati a Forcella costa 300 mila lire. I più fortunati trattengono tutto il guadagno. Gli altri lavorano a percentuale e devono lasciare il passaporto in garanzia. È qui che si trova il maggior numero dei celebri 'vu' cumprà'.[4]

Ed è qui che il problema sarà affrontato per primo. *Panorama* ha saputo che al ministero dell'Interno è in preparazione una circolare per tutte le questure che ordinerà severe restrizioni proprio ai 'vu' cumprà'. Il via lo hanno dato le autorità comunali della costa genovese. In risposta alle proteste degli ambulanti locali hanno deciso di rilasciare qualche centinaio di licenze agli italiani, sperando che le leggi del mercato scaccino gli intrusi 'marocchini'. E se il mercato non dovesse bastare (è difficile che un ambulante italiano faccia a piedi chilometri sulle spiagge sotto un carico di monili e stracci esotici) la polizia avrà comunque un motivo in più per dare la caccia al clandestino.

Bloccando i 'vu' cumprà' (meno di un terzo del totale, ma i più visibili), non si ferma però, a detta degli esperti, il fenomeno dell'immigrazione clandestina e del lavoro nero, che ha radici strutturali complesse: da una parte l'enorme pressione demografica e i problemi politici, economici e sociali nel Terzo Mondo, dall'altra il forte richiamo dell'economia sommersa italiana.

I lavoratori stranieri vengono infatti non solo per fare i lavori che ormai gli italiani rifiutano, ma anche per alimentare settori del sommerso[5] che senza di loro non esisterebbero proprio. Molti bar, trattorie e alberghi, specie nelle zone turistiche, dovrebbero chiudere se non ci fossero le braccia dei neri perché il ricorso a personale italiano li renderebbe antieconomici. Attività industriali arretrate e produzioni agricole inefficienti rispetto alla concorrenza comunitaria sopravvivono, anzi hanno ripreso a prosperare, grazie a questa manodopera.

'Il sommerso che già occupava quattro o cinque milioni di italiani si estende con loro fino a coprire un'area ormai vicina ai sei milioni di lavoratori' lamenta Alberto Adami, responsabile Cgil per l'immigrazione. 'Come sindacati, siamo in prima linea nella lotta allo sfruttamento degli stranieri'.

In tre anni più di 8 mila miliardi di evasione contributiva e fiscale è costata allo Stato, secondo l'Ispes, la presenza dei soli 350 mila clandestini del primo gruppo, i più stabili. Se 8 mila miliardi è l'evasione, il fatturato lordo del loro lavoro deve essere di parecchie decine di migliaia di miliardi: una specie di nuovo Made in Italy. 'Di cui però nessuno si ricorda quando si tratta di gridare al nero' osserva don Luigi di Liegro, direttore della Caritas[6] romana che assiste quotidianamente nella capitale almeno 5 mila clandestini.

Era stato per regolarizzare i clandestini che tutti i partiti, Msi incluso, avevano approvato la legge 943 entrata in vigore a gennaio dell'anno scorso. Una legge ottima, sulla carta. Tutti i clandestini entrati in Italia prima del 27 gennaio 1987 avrebbero potuto mettersi in regola alla questura e agli uffici del lavoro. Sarebbero stati trattati come lavoratori italiani: salari regolari, assistenza sanitaria, ricongiungimento delle famiglie, corsi di qualificazione, possibilità di alloggi e così via. Chi non si metteva in regola, o gli altri entrati dopo il 27 gennaio 1987, sarebbero stati colpiti dal foglio di via,[7] che però serve a poco perché non comporta l'accompagnamento fisico alla frontiera e l'espulsione. I confini si sarebbero chiusi ai nuovi arrivi.

Non ha funzionato. Dopo almeno quattro rinvii del termine di 'condono'[8] (l'ultimo è fissato al 30 settembre prossimo) solo 106 mila clandestini si sono presentati alle questure sui 750 mila stimati. E molti di quelli che lo hanno fatto se ne sono pentiti: i loro datori di lavoro, invece di metterli in regola, li hanno licenziati.

Per gli imprenditori che sfruttano la manodopera clandestina la legge 943 ha funzionato ancora meno. Quasi nessuno si è 'autodenunciato' per godere della sanatoria. Del resto le pene per loro sono addirittura irrisorie: da 500 mila lire a due milioni di multa e 'nei casi più gravi' (ma quali sono?) l'arresto da tre a sei mesi. Molti di loro assumono adesso solo clandestini arrivati dopo il 27 gennaio 1987, quelli che in nessun caso si possono mettere in regola.

Da ogni parte l'elenco delle inadempienze è lunghissimo. Difficoltà burocratiche alle questure e negli uffici del lavoro, scarsa pubblicizzazione della legge, noncuranza degli stessi ministeri. Quello dell'Interno l'ha vista come un provvedimento di polizia. Quello del Lavoro non ha ancora nominato la Consulta (doveva farlo entro tre mesi) né ha istituito il previsto 'Servizio per i problemi dei lavoratori extracomunitari'. Quello degli Esteri non ha nominato la commissione incaricata di disciplinare i flussi migratori sul piano internazionale. Le Regioni, tranne pochissime eccezioni tra cui la Lombardia, non hanno nominato le loro Consulte per l'applicazione della 943 sul piano locale. Un disastro.

'Molti clandestini, lo sappiamo, vogliono solo guadagnare soldi in poco tempo e andar via. Non interessano loro gli schemi previdenziali e pensionistici a lungo termine. Gli basterebbe essere pagati meglio, sfruttati meno e assistiti in modo civile. Non vogliono diventare operai "italianizzati" in tutto. Questo i sindacati devono capirlo' osserva Alberto Sobrero.

Ma è chiaro che l'afflusso e lo sfruttamento incontrollato dei clandestini non può continuare. 'Entro il 1992, data del mercato unico europeo, l'Italia dovrà mettersi in regola' afferma Silvana Siracusano, vicequestore e direttrice della prima divisione stranieri al ministero dell'Interno. 'Tutti gli altri Paesi Cee hanno stretto le frontiere e disciplinato il lavoro degli immigrati stranieri. Non ci permetteranno di essere l'unico varco attraverso cui l'immigrazione clandestina potrà invadere l'Europa quando le frontiere intercomunitarie saranno abolite'.

Si comincerà ripristinando probabilmente il visto d'ingresso per i cittadini dei Paesi del Magreb (Tunisia, Marocco, Algeria) e del Senegal. La Francia ha già generalizzato il visto per tutti i Paesi extracomunitari e preme perché anche noi si faccia lo stesso. Ma considerazioni politiche (chiedere il visto anche agli americani e agli jugoslavi?) e la necessità di salvaguardare il turismo trattengono l'Italia. Comunque su un elenco di 50 Paesi verso cui introdurre o confermare il visto c'è già l'accordo. Su altri 17 Paesi si sta discutendo.

Al ministero dell'Interno, oltre alla circolare sui 'vu' cumprà', stanno preparando anche una legge sui permessi di soggiorno ancora regolati da un Testo unico del 1931. 'Ma è un progetto di legge inspiegabilmente tenuto segreto' lamentano i promotori del 'Comitato per una legge giusta' che più volte hanno chiesto al ministero di averne una copia senza riuscirci.

L'altra questione che non si riesce a sistemare è quella dei profughi, categoria alla quale avrebbero diritto di appartenere molti dei clandestini. Ma l'Italia dal 1951 accetta solo profughi dall'Est europeo, cioè dai Paesi comunisti, anche se non vengono più. È la scappatoia che consente ai circa 12 mila polacchi, arrivati in Italia perché le altre frontiere sono ormai chiuse, di essere mantenuti dallo Stato. 'Una vergogna e un'ingiustizia verso quanti veramente fuggono dal Terzo Mondo per le persecuzioni politiche, razziali e religiose' tuona don di Liegro, della Caritas. 'Solo l'uno per cento di questi polacchi' aggiunge 'sono profughi politici, come ha accertato la Commissione paritetica che esamina i loro casi'.

Comunque l'orientamento degli altri Paesi Cee è quello di essere, in futuro, più generosi con i profughi mentre si chiudono le frontiere all'immigrazione economica.

Ma la soluzione del problema degli immigrati è lontana. 'Solo aiutando il Terzo Mondo a risollevarsi con una politica di cooperazione autentica e lungimirante' dicono gli esperti 'si potrà risolvere questo dramma'. Intanto tutte le previsioni sono che l'Italia finirà per avere due milioni di immigrati entro il Duemila perché è inevitabile e perché i suoi stessi interessi lo impongono. Nonostante le ondate di xenofobia, la società pluriculturale e plurietnica è alle porte.

'Ma dovremo trattarli civilmente' raccomanda Alberto Sobrero. 'È assurdo che spendiamo 4.500 miliardi all'anno per aiutare i Paesi poveri e non troviamo 10 miliardi per dare alle comunità di quegli stessi Paesi presenti fra di noi qualche sala o luogo d'incontro perché possano riunirsi e cominciare a comunicare con noi'.

1 Vu' emigrà: a play on the expression 'vu' cumprà' (see below).
2 Regolari: immigrant with recognised legal status.
3 Fare un gruzzoletto: save a good sum of money.
4 'Vu' cumprà': an expression with the literal meaning 'Want to buy?' which connotes a southerner's way of speaking but which has been used extensively in the press when referring to African street-vendors.
5 Settori del sommerso: sectors of the hidden or black economy.
6 Caritas: charitable organisation run by the Catholic Church.
7 Foglio di via: expulsion order.
8 Rinvii del termine di 'condono': postponements in the termination of the period of amnesty.

Exercises

1 'Bocca parla sì di Verona, del Veneto e dei suoi destini, ma parla anche in larga misura di se stesso' (Angelo Agostini). How might this judgement also apply to the report on Turin?

2 Analyse the devices that Gad Lerner uses in order to put the reader in the shoes of the illegal immigrant, and assess the pros and cons of this approach to journalism.

3 How does the *inchiesta* in *Panorama* claim to reveal the objective truth (as opposed to ignorance and prejudice) about illegal immigration in Italy?

4 Identify the different names and labels used of immigrants in the three *inchieste*, and the ethical problems faced by journalists investigating this phenomenon.

2.10 *Vignette* **by Forattini.** The cover of one of Giorgio Forattini's books of *vignette* showing him manipulating marionettes depicting various politicians and his commissioning editor, Eugenio Scalfari. The title, *Satyricon*, was the name of the special satirical insert of *La Repubblica*.

Forattini confronts Scalfari and asks him to do the *vignetta* of the day. The headlines suggest the difficulty of the task: De Benedetti, the major shareholder in *La Repubblica*, has been arrested on charges of political corruption.

2.11   Massimo Franco: 'Giulio, ultimo atto'

Dall'infanzia in Ciociaria ai sospetti di rapporti con la mafia, un simbolo dello Stato. Papalino.

'Avrei preferito che la mafia o chiunque fosse, mi avesse fatto fare la fine di Dalla Chiesa,[1] e non finire così, senza sapere come difendersi davanti a delle calunnie …'. Quando un amico mi fece sentire il nastro registrato con la voce di Giulio Andreotti, all'inizio non la riconobbi. Era una voce stanca e insieme tesa, davanti ai senatori della giunta per le autorizzazioni a procedere.[2] Poi mi resi conto che in realtà il problema era un altro: non riconoscevo Andreotti in quelle parole. L'avevo incontrato pochi giorni prima, all'inizio di aprile del 1993. Gli avevo domandato se le accuse infamanti dei pentiti di mafia fossero comunque meglio di un colpo di lupara. E lui aveva replicato di scatto,[3] quasi con rabbia, di sì. 'Il povero Salvo Lima ha subito il danno due volte: è stato ammazzato e non si può nemmeno difendere …'.

64

Addesso, invece, quella voce nasale incisa su nastro contraddiceva Andreotti. Il teorico del 'meglio tirare a campare che tirare le cuoia'[4] accettava l'idea della morte quasi come una liberazione. Aveva subito una metamorfosi psicologica. Ma liberazione da che cosa? Dall'accusa di avere incontrato esponenti della mafia mentre era presidente del Consiglio, nella preistoria politica del 1979? O da quell'altra, di avere fatto ammazzare il generale Carlo Alberto dalla Chiesa, e Aldo Moro,[5] e il giornalista del sottosuolo[6] Mino Pecorelli? Sì, l'ignominia per Andreotti derivava da quelle accuse. Ma c'era qualcosa di più, forse. Si poteva indovinare la voglia di liberarsi dalla propria maschera: quella che Andreotti aveva steso per decenni su di sè, sulle proprie reazioni. Era sempre stata una corazza, una rete di protezione interiore. E invece di colpo la maschera era diventata soffocante. Infamante.

Mi ricordai di un pomeriggio estivo di quattro anni prima, nel suo studio privato di piazza San Lorenzo in Lucina. Avevo finito la biografia su di lui, senza averlo mai né incontrato né consultato. Gli raccontai che un prete, un suo amico, mi aveva avvertito di stare attento, perché Andreotti poteva essere pericoloso. Lui, allora ministro degli Esteri, sorrise a labbra congiunte.[7] Poi rispose con un velo di compiacimento:[8] 'Non ho mai torto un capello a nessuno'. Magari qualche suo amico, azzardai scherzando. 'Guardi che non conosco solo pregiudicati' troncò lui con una frase che mi sembrò un capolavoro di ambiguità.

Era quella, la maschera andreottiana. Levigata, arcisicura di sé. Davvero inossidabile. Proteggeva un uomo che il potere e il cattolicesimo avevano allenato alla cultura del Purgatorio. Né angeli né diavoli. Tutti medi peccatori. Tutti un po' dottor Jekyll e Mr Hyde, il suo libro preferito. E quindi tutti colpevoli e insieme innocenti. Era quella la sua forza: l'ambiguità. Ma adesso l'ambiguità si vendicava.

Accusato dai pentiti di mafia, 'avvisato'[9] dai magistrati del tribunale di Palermo, Andreotti si vedeva in trappola. Accusato di tutto. Senza cariche di governo per di più. Con una corrente decimata da arresti e faide di tipo quasi tribale. Orfano dell'elettorato, dopo la nomina a senatore a vita[10] nel giugno del 1991. Sì, la maschera del potere aveva perso tutta la sua perfetta, irreale levigatezza. Appariva troppo pallida, troppo molle. Vulnerabile: eccolo, l'aggettivo, il più impensabile, riferito ad Andreotti.

E probabilmente Andreotti è stato costretto a modificare la percezione di sè, identico a se stesso da settant'anni: da quando non era ancora 'Andreotti', ma solo il piccolo Giulio, il nipote del cappellaio di Segni, in Ciociaria,[11] la terra dei genitori e delle sue estati da adolescente. Un mondo popolato di parroci, seminaristi, vecchie zie, chiacchiere di paese, povertà, lutti dolorosi. E un ragazzo abituato fin da piccolo a reprimere i sentimenti, al punto che ha confessato, lui orfano di padre, di non avere mai dato un bacio alla madre.

L'ideologia del buonsenso, della mediocrità, dell''uomo comune' affonda le radici nell'universo contadino ciociaro e nella sua famiglia. Si mischia con un mondo papalino conosciuto prima e più dell'amministrazione dello Stato italiano, della quale pure Andreotti è stato una specie di quintessenza. Fa tutt'uno con una visione della vita in cui contano solo il presente e l'eternità.

È questo che gli ha permesso di aderire a una politica senza mai diventarne schiavo. A essere alleato dei monarchici e dei liberali, dei comunisti e dei socialisti con la stessa, distaccata intensità. È stato un prodotto della politica italiana, un conservatore che ha avuto come stella polare la centralità dc e soprattutto il sistema che l'ha prodotta. E nel sottosuolo di questo sistema Andreotti ha conosciuto di tutto e di tutti. Adesso che il sistema è caduto non può che cadere anche lui: né può restare ancora coperta la rete sterminata e inquietante delle sue relazioni intessute in nome del potere.

1 Dalla Chiesa: Carlo Alberto Dalla Chiesa, general appointed to oversee anti-mafia operations in Sicily who was assassinated by the mafia.
2 Giunta per le autorizzazioni a procedere: senators belonging to the commission responsible for authorising the suspension of senatorial immunity from prosecution.
3 Di scatto: all of a sudden.
4 'Meglio tirare a campare che tirare le cuoia': better make do than die; a phrase that 'invents' a proverb using proverbial expressions.
5 Aldo Moro: Christian Democrat politician assassinated by the Red Brigades in 1978.
6 Giornalista del sottosuolo: journalist with dubious connections.
7 Sorrise a labbra congiunte: gave a tight-lipped smile.
8 Velo di compiacimento: a hint of satisfaction.
9 'Avvisato': receive an 'avviso di garanzia'; a warrant to testify.
10 Senatore a vita: life senator.
11 Ciociaria: area of Lazio.

2.12 Vignette by Giannelli, Forattini and Chiappori. The following *vignette* by Gianelli appeared in *Il Corriere della Sera* ; they show Andreotti as corrupt manipulator, as devil, and as a politician who endlessly recycles himself.

Appalto: public works contract; i.e. opportunity for political patronage.
Muro: wall. Reference to the policy for defending Italian borders from the 'invasion' of migrants from Africa and the Third World during the debate about immigration in 1986 (see 'Il clandestino').

Cartoon published on 13 April 1990.
Demonizzare: scapegoat in the sense of treating as evil, devil-like.

Cartoon published on 2 December 1992
Storia, presenza, progetto: past, present, and future - the title given to the proceedings of the
Christian Democrat national congress.

For Forattini in *La Repubblica* Andreotti is witty and unscrupulous, running rings
around the PCI leader, Occhetto.

Brogli elettorali: Occhetto (with the moustache) is referring to electoral swindles in general,
whereas Andreotti is referring to the referendum on the monarchy of June 1946.

The Andreotti of Chiappori, which appeared in *Panorama*, congratulates himself on his skill in trickery and deceit.

Dietrologia: mental habit of always looking 'behind' (*dietro*) political events in search of hidden manipulators; similar to 'conspiracy theory'.

2.13 'Meglio di uno splatter'. Michele Serra, founding editor of *Cuore*, is a satirist, poet and political commentator. 'Meglio di uno splatter',[1] *L'Espresso*, 25 February 1994, p. 55, describes how Silvio Berlusconi's persona (as projected in the campaign before the March 1994 general election) defies separation between fact and fiction.

Se Berlusconi fa paura, come può far ridere? Domanda mal posta. Gli appassionati di film splatter conoscono bene quell'irripetibile e ambiguo piacere che deriva dal connubio terrore-divertimento: quanto più una scena raccapricciante lascia trasparire la rozzezza dei meccanismi, la puerilità degli effettacci,[2] tanto più si ride: e si ride del proprio spavento, anzi: della 'prevedibilità' del proprio spavento. In questo senso, l'armamentario di Sforza Italia è tipicamente splatter. Perché è oltraggiosamente, ridicolmente stracarico dei propri ingredienti. Quell'iperrealismo flou,[3] quell'ottimismo pastelloso-edificante[4] che ha eguali, nella storia della comunicazione, solo in certi magistrali rotocalchi nordcoreani, nei quali la Stella Polare dell'Umanità (è lo schivo soprannome ufficiale di Kim Il Sung) inaugura dighe, benedice trattori e conduce a buon termine svariate opere umane avendo sempre sullo sfondo fiori, colline soleggiate, ridenti cascatelle.

La 'prevedibilità' dell'evento diventa la ragione stessa della sua vis comica:[5] proprio perché ci si aspettava che Berlusconi, per transitare dalla televisione alla politica, si limitasse ad occupare la politica con la sua televisione, constatare che questo non solo è avvenuto, ma è avvenuto nel più banale dei modi, fa scattare la risata.

Facciamo un esempio: se Federico Fellini avesse a suo tempo annunciato il suo debutto in politica, la satira avrebbe avuto buon gioco ad anticipare le sue mosse descrivendo l'immaginario politico felliniano come facile parodia del fellinismo: simboli elettorali con grosse tette, comizianti alla Zampanò,[6] raduni elettorali naturalmente sulla spiaggia di Rimini, con Gelsomina che suona la trombetta. Ma se poi Fellini, entrando effettivamente in politica, avesse 'veramente' presentato un simbolo con le grosse tette eccetera eccetera, allora il gioco (entusiasmante) dei rimandi e delle anticipazioni tra parodia e autoparodia, tra invenzione satirica e realtà dei fatti, avrebbe trionfato.

E' esattamente questo che è accaduto con l'ingresso di Berlusconi in politica. Un ingresso così berlusconiano, così scontato, così prevedibile da essere francamente imprevedibile: nessuno si sarebbe aspettato che l'inno di Sforza Italia fosse veramente la fotocopia di quello di 'Sorrisi e Canzoni',[7] che si sarebbero veramente candidati stopper, presentatori e domatrici del circo, che veramente la pacchianeria[8] Fininvest si sarebbe trasformata in pacchianeria politica semplicemente cambiando ragione sociale (ieri era la finzione televisiva, oggi è la realtà politica).

La spaventevole e miserevole facilità con la quale l'operazione ha avuto successo fa paura? Sì, certo. Ma non più di quanto ne facesse l'unanime considerazione nella quale erano tenute, in questo paese a perdurante maggioranza boccalona,[9] la 'sottile ironia' di Giulio Andreotti, o la 'virilità' di Bettino Craxi. Il senso critico così come il senso del ridicolo - appartiene a una minoranza. La stessa minoranza che pratica la satira. Amen.

1 Splatter: a form of 'video nasty' in which violence is accompanied by a lot of tomato sauce.
2 Effettacci: unpleasant effects.
3 Iperrealismo flou: hyperrealism blurred at the edges.
4 Pastelloso-edificante: pastel-coloured and moralising.
5 Vis comica: comic force.
6 Zampanò: fairground performer in Fellini's film *La Strada*.
7 'Sorrisi e Canzoni': TV listings weekly magazine owned by Fininvest.
8 Pacchianeria: kitsch.
9 Perdurante maggioranza boccalona: ever-gullible majority.

2.14 'La popolarità di Silvio Berlusconi': *vignette* **of Berlusconi by Gianelli and Vauro.** The following *vignette* depicting Silvio Berlusconi appeared in *Berlusconi Story*, May 1994, a propaganda magazine issued at the time of the European elections. They deal with thorny issues such as the compatibility of the roles of media mogul and prime minister, but they are co-opted here by pro-Berlusconi publicists whose gloss interprets them in a favourable light.

La popolarità di Silvio Berlusconi si riscontra anche nel gran numero di vignette che gli vengono dedicate

Le vignette satiriche che i più famosi disegnatori italiani dedicano a certi personaggi pubblici danno l'indice della popolarità.[1] Silvio Berlusconi è sempre stato uno dei 'bersagli' preferiti delle matite eccellenti[2] come Forattini e Vinicio, tanto per citare alcuni maestri della professione. Il Cavaliere,[3] d'altronde, si presta benissimo a certe ironie. È sempre stato l'uomo nuovo: intuizioni folgoranti, rottura degli schemi classici, una serie di brillanti successi, quindi, molti nemici che spesso l'hanno attaccato dalle colonne dei loro giornali. Queste vignette riportano alcuni dei momenti topici dell'ascesa di Silvio Berlusconi, dalla battaglia televisiva con la RAI, ai rapporti con l'avvocato Giovanni Agnelli, alla sua sofferta decisione di scendere nell'arena politica, alla separazione da Montanelli.

1 Indice della popolarità: popularity rating.
2 Matite eccellenti: famed cartoonists.
3 Il Cavaliere: honorific title often used with reference to Berlusconi.

Published in *Linus* no. 2, 1994.
Grande fratello: allusion to Big Brother in George Orwell's *Nineteen Eighty-Four*.

Published in *Corriere della Sera*, 13 December 1994.
RAI: Italian equivalent of the BBC, often represented symbolically by the dying-horse sculpture found outside its headquarters.

Published in *Il Manifesto*, 27 January 1994.
Si butta: reference to Berlusconi's entry into politics.

2.15 'Altan il puritano: poeta della cattiveria' (Gianni Mura). An interview with the *vignettista* Francesco Altan, published in *La Repubblica*, 5 August 1990, in which he discusses his work.

AQUILEIA Vasi di dalie e ortensie sui mobili scuri, nel fresco di una casa che risale al '600. Altan ha 48 anni ma pure lui potrebbe risalire al '600. E' lontano anche se è vicino, quasi in una sua personale Fortezza Bastiani. E' nota, nell'ambiente, la sua ritrosia: ai dibattiti sulla satira non ci va, in tv nemmeno, son quasi trent'anni che disegna vignette e storie, non c'è niente da spiegare, o forse sì. Un critico ha parlato di 'eternità' di Altan per quel suo essere apparentemente fuori dal tempo eppure così tempista nel centrare[1] i tic, le manie, le mode, le degenerazioni generazionali, l'arroganza del potere e il potere dell' arroganza. Ha una specie di trasalimento, Altan: 'Eternità mi pare eccessivo. Diciamo che sto sempre in campana. Da ragazzo, non pensavo che disegnare potesse diventare un mestiere. Mi piaceva Steinberg, mi piaceva Feiffer. E' stato vedendo il primo Feiffer, pubblicato da Bompiani, che mi son detto: adesso ci provo anch'io. E poi è stata una rivelazione *Linus*,[2] in particolare

73

Krazy Kat e Li'l Abner, la scoperta che il fumetto poteva avere un linguaggio adulto'.

Altan è nato a Treviso, ha vissuto molti anni a Bologna, ha studiato architettura a Venezia (alla stessa facoltà s'è iscritta Chicca, sua figlia), è stato sei anni in Brasile lavorando nel cinema (li ha conosciuto la moglie, Mara Chaves, di Minas Gerais). In Brasile collaborava al *Pasquim*, rivista di satira in tempi di dittatura dura.

In Brasile ha conosciuto Saverio Tutino, l'ha accompagnato con una troupe per filmare la liberazione, poi rinviata, di Regis Debray. E Tutino lo ha segnalato a Oreste del Buono, direttore di *Linus*. E' del Buono a spingere Altan sull'attualità. Così appare il personaggio più famoso, l'operaio Cipputi, prima apparizione nel maggio '76. Il cognome è diventato un simbolo. 'Per me rimane il personaggio di una storia, come altri, come i vecchietti sulla panchina, il padre e il figlio, la donna sola, il corvo. Quattro anni fa Vittorio Foa ha scritto sul *Manifesto* che Cipputi è il simbolo del lavoro, di tutti i lavori, e che esprime la parte non complice[3] dell'Italia. Io posso dire che sono affezionato a Cipputi e lo vedo come un personaggio sempre in difficoltà, ma non sconfitto'.

Così a memoria, mi sembra anche l'unico ad avere, nel disegno, un naso normale. Significa qualcosa? 'Non è casuale, credo, ma non so dire altro'. Va bene, proviamo a cambiare discorso: c'è troppa satira oggi in Italia? 'C'è una gran confusione, non mi sento in possesso di titoli per dire questo fa satira e questo no. A me piace Elle Kappa perché è aggressiva, ha passione, a me piacciono le vignette che, dietro, fanno capire che c'è una persona, non una catena di montaggio. Quando ho cominciato con Cipputi erano tempi diversi, era più facile schierarsi. Con chi e contro chi. C'era più chiarezza e più tensione. Poi i quotidiani si sono settimanalizzati,[4] i settimanali quotidianizzati;[5] uno spazio per la satira è diventato quasi obbligatorio. Ne deriva un certo affollamento e un calo di tensione. Attorno a una situazione possono nascere battute molto simili, un po' come succede che *Espresso* e *Panorama* abbiano la stessa copertina. Non è questione di quale sia più brutta o più bella, è che sono simili'.

Le sue vignette raramente mi fanno ridere, più spesso mi fanno arrabbiare o mi deprimono. Dove sbaglio? 'Ognuno le legge a modo suo. Io lavoro attorno a una battuta. Mi siedo al tavolo da disegno e aspetto che arrivi. Non ho fretta. Il bello di questo lavoro è che te la puoi cavare[6] in dieci minuti o in cinque ore. Vivendo ad Aquileia, sono lontano da Roma, da Milano, dai centri di potere. Non ho informazioni di prima mano, non ho soffiate. Ogni mattina leggo quattro quotidiani, ogni settimana quattro settimanali, sento molto la radio, vedo molto la tv. Tutte le mie vignette nascono da osservazioni che tutti possono fare. Parto alla pari col lettore'.

C'è una tendenza, nella satira, al 'duro, sempre più duro'? Secondo Altan sì: 'O almeno così pare. Ma non m'interessa, io non penso di fare battute cattive. Anche lo fossero, andrebbero a sbattere contro un muro di gomma. Quando il potere aveva bisogno di fare la faccia truce,[7] Guareschi per una vignetta andava in galera, ma adesso non ci va nessuno. Prima la satira arrivava dritta al bersaglio, come un pugno, adesso si perde in un labirinto, ha un impatto minore'.

Siamo usciti a parlare in giardino, all'ombra del più gran tasso che abbia mai visto. Gironzolano nel verde, Paloma la cagnetta bianca e Zio Biagio, il gatto grigio, di profilo egizio, un gatto magro che si muove come fosse grassissimo e sembra disegnato da Altan, qualche gallina, un pavone. Altan riesce a sembrare in divisa anche se è in pantaloni corti, tornato da poco da un giro in bicicletta. Non un giretto, ha un 'personale' di 150 km., un'Atala superaccessoriata con computerino al manubrio, tutte le mattine esce in bici, l'alternativa è fra un percorso piatto lungo il mare (Grado è a breve distanza) o uno più mosso, sul Carso. Chi se lo immaginava un Altan sportivo? Non ha perso una partita dei mondiali. 'Il calcio mi piace, anche se l'ultima volta che sono andato allo stadio è nel '63, Bologna-Milan. E prima non perdevo una partita di Pilmark e Jensen. Ricordo un'ala dai capelli rossicci, non la prendeva quasi mai, Valentinuzzi. Ogni domenica uno spettatore col megafono strillava: "Valentinuzzi, al telefono!". Era divertente andare allo stadio, oggi c'è troppa tensione, troppo odio, preferisco guardare la tv'.

Un appartato, un isolato, però non perde un colpo. E' facile dirlo, visto che suo padre è un famoso antropologo,[8] ma non crede che anche le sue strisce potrebbero essere un bigino d'antropologia, fra un po' di tempo? 'No. L'antropologia è una cosa seria, che cerca i perchè mentre io vado un po' a naso. Non cerco di capire, registro. C'è qualcosa nell'aria, una frase, un modo di dire. Registro. Non sta a me spiegare'. C'è l'Altan della satira politica e di costume, c'e l'Altan che disegna storie per bambini (quelle della cagnetta Pimpa, arrivate oltre quota 600). Anche questo è un versante singolare, ma è troppo sperare che lui ci spieghi l'indignazione e la dolcezza. Meglio infilarsi in un vicolo più stretto: come nascono le battute? 'Per allenamento. Credo di avere frequentato due buone scuole, Bologna e il Brasile. A Bologna, per esempio, si andava al cinema, o forse si va ancora, non so, non per vedere il film ma per ascoltare i commenti del pubblico. Il massimo si raggiungeva su certi film giapponesi. E i brasiliani, specie quelli di Rio, sono fulminanti nelle battute, a costo di stravolgere un po' la lingua'.

Ripasso come in una carrellata[9] la produzione di Altan: parlano i vecchi, le donne, gli operai, i bambini, a larga maggioranza. I bambini sono cinici e appena crescono sono stupidi. I genitori sono stanchi e ancora più cinici. Ho l'impressione che i bersagli sono loro e siamo noi. 'Giusto. Sono anch'io, se è per questo. Non mi chiamo fuori, lavoro sui difetti che conosco perché sono anche miei. Certo, posso attaccare il potere, Andreotti, Craxi, ma se la satira avesse davvero importanza Andreotti non conterebbe più nulla da vent'anni almeno, invece è sempre lì. Così ho spostato l'attenzione su chi se ne lamenta e lo vota, su chi gli consente l'esercizio del potere. Non posso credere che gli italiani siano tanto masochisti, se le cose vanno così un po' di tornaconto[10] ce l'avranno pure loro. Forse è perché sono stato sei anni fuori, non è che appena sento la parola Italia mi alzo in piedi sull'attenti. Dicono che è un paese straordinario perché c'è la Ferrari, ci sono gli stilisti, perché esce intatto da crisi inesplicabili, ma io vorrei tanto che fosse un paese meno straordinario e più normale. Perché nel quotidiano qui è un casino[11] spaventoso, ma sembra che nessuno voglia parlarne. Già a me non piacciono le persone che si vantano, figuriamoci un paese che si vanta. Tornando al discorso di prima, io non disegno per far ridere. Il meccanismo è quello di spostare l'angolo di visuale per ottenere l'effetto-sorpresa. Tipo: voi dite che è così, ma provate a guardare le cose da questa parte'.

Per questo pigia sul grottesco, i nasi come proboscidi e intorno alle figure piccoli particolari disgustosi? Mosche, pitali, vomiti, escrementi. 'Io non so dove pigio, non ho un metodo. Io penso che il mio mestiere sia quello di seminare dubbi. Per tornare a una polemica di Zincone a proposito di una vignetta di Chiappori, un vignettista non ha le prove provate che Andreotti sia un mafioso, ma può dire "occhio, qui qualcosa non torna".[12] Se togliamo alla satira quel suo essere zona franca, potremmo fare tutti un altro mestiere'.

Lei che farebbe? 'E' da qualche anno che non ci penso, ormai faccio questo. Mi piaceva stare nell'ambiente del cinema piuttosto avventuroso a quell'epoca in Brasile. Mi piace l'idea di scrivere per il teatro, ma è solo un'idea non ho tempo. Sulla carta d'identità c'è scritto disegnatore e io disegno: storie per bambini, vignette, storie lunghe. Da una di queste, "Ada", in Francia hanno tratto un film che in Italia probabilmente non arriverà mai. Ho qualche proposta, qualche progetto, ma non voglio caricarmi di impegni. Anche perché, come ho già detto, in pratica non stacco mai'.

Un paese straordinario

Il fatto di essere consideratio un genio, nel suo settore, non lo scompone. Non so cosa possa scomporlo, in verità. Lo ha molto colpito l'episodio della bambina sull'autostrada del Sole, il padre morto e lei che corre e duemila macchine che tirano dritte. 'Anche questa è l'Italia, e nessuno saprà mai che inferno aveva in testa quella bambina. Ma a dirlo ecco che arriva l'accusa: lei è un moralista. Ci sono le code per fare un elettrocardiogramma? Pazienza, siamo un paese straordinario, non facciamo del moralismo'. Anch'io penso, non nella stessa accezione, che sia un moralista straordinario, un osservatore lucido, ma non glielo dico perché sembra allergico agli elogi. Nemmeno sa quale sia la sua audience che pare vada dai 15 agli 80 anni. 'So che molti sindacalisti amano le vignette di Cipputi mentre quella in cui c'è scritto "Mi chiedo spesso chi sia il mandante di tutte le cazzate che facio" è attaccata ai muri di molte redazioni'.

Nello studio, dove si torna per parare l'eventuale arrivo di qualche zanzara, c'è al muro un manifesto con due operai che giocano a palla. Uno dice: 'Cipputi, pare che c'è dei giocatori che scommettono sulla sconfitta della loro squadra'. E l'altro, il Cippa: 'Pare anche che quattro italiani su 10 votano per la Dc, Frascali'. Molti libri, naturalmente. Il preferito è 'La vita e le opinioni di Tristram Shandy gentiluomo' di Sterne ma cita anche Salgari, Queneau, Elmore Leonard, Woolrich e si dice pronto a sospendere ogni attività appena arriva un libro di Le Carré. Uno così, uno come Altan, cortese nei silenzi, nelle ritrosie, per educazione più che per deformazione professionale[13] maggiormente portato ad ascoltare che a parlare, che tipo di vacanze fa? Anche perché, se seguo il concetto del 'sempre in campana',[14] è uno che non stacca mai. 'Cerco di staccare. L'anno scorso siamo andati in Sudamerica. Ho trovato un Brasile irriconoscibile in peggio, poi siamo stati in Colombia e giù in Patagonia a vedere i leoni marini. Per quest'anno è programmato un giretto in Jugoslavia sulla barca di amici. Sono un po' preoccupato, perché vivrei di pastasciutta e formaggio e l'unico pesce che mi piace sono le sarde'. Dopo un po' che lo torturo posso rendermi utile: le sarde ci sono anche lì e qualche dritta sui formaggi jugoslavi gliela passo volentieri.

1 Tempista nel centrare: quick as a flash at homing in on.
2 *Linus*: satirical magazine responsible for introducing American cartoonists to Italy in 1960s.
3 Parte non complice: part that has not compromised itself.
4 Settimanalizzati: turned into weeklies.
5 Quotidianizzati: turned into dailies.
6 Te la puoi cavare: you can do it.
7 Fare la faccia truce: show its cruel side.
8 Famoso antropologo: Carlo Tullio Altan.
9 Ripasso come in una carellata: give a quick overview.
10 Tornaconto: profit.
11 Casino: mess.
12 'Occhio, qui qualcosa non torna': 'look over here, something's not right'.
13 Deformazione professionale: outlook resulting from one's job or profession.
14 'Sempre in campana': 'always wide awake'.

2.16 Examples of Altan's work. The following *vignette* appeared in *Panorama* and were subsequently collected and published in book form. Cipputi, the factory worker with few illusions about the world, is the character with whom Altan has come to be identified.

SEMPRE PIÚ NELLA
MERDA, CIPPUTI.
DOVE ANDREMO
A FINIRE?

MANDA SU IL
PERISCOPIO, E
SCRUTA L'ORIZZONTE,
FRISGAZZI.

COS'È LA
SFIDUCIA
COSTRUTTIVA,
NONNO?

È CHE NON SI PUÒ BUTTARE
GIÚ UN GOVERNO CHE FA
SCHIFO SE NON CE N'È UNO
UGUALE DA METTERE SU.

Sfiducia: vote of 'no confidence' on the part of the Opposition parties in parliament.
Costruttiva: 'constructive'; an apparent contradiction in terms.
Fa schifo: a colloquial expression for 'disgusting'.

Exercises

1 Identify the physical features, recurrent gestures and iconographic allusions used in the depiction of Giulio Andreotti.

2 Compare the kind of portrait of Andreotti that emerges from the *vignette* with that drawn in words by one of his biographers.

3 Consider how *vignette* critical of Berlusconi are used to his advantage in political propaganda.

4 How important are words to the achievement of comic effect in the *vignette*?

5 Consider the role of the *vignettista* as social and political commentator in the light of the Francesco Altan interview.

PART 3 News events

The death of Stalin

The death of Stalin in 1953 is reported and commented on in three publications –
L'Osservatore Romano of 7 March, *Il Corriere della Sera* of 6 March, and *Vie Nuove* of
15 March 1953. Each covers the event from a different viewpoint related to the interests
they represent, *L'Osservatore* being the daily paper of the Vatican, *Il Corriere* the paper
of a Milanese cotton magnate, and *Vie Nuove* the weekly magazine of the Italian
Communist Party.

3.1 *L'Osservatore Romano*, 'La morte del Maresciallo Stalin'

L'UP[1] informa che il Comitato Centrale del partito comunista dell'Unione
Sovietica, il Consiglio dei Ministri e il presidium del Consiglio supremo, hanno
rivolto un messaggio a tutti i membri del partito ed a tutti i lavoratori
dell'URSS,[2] col quale annunciano la morte del Maresciallo e affermano che
essa costituisce un 'colpo tremendo per il partito e per i lavoratori dell'URSS'.

Il messaggio rende poi omaggio alla figura dello scomparso, illustra i fatti e
i momenti salienti della sua vita e nel pensiero memore di lui invita tutti i
cittadini sovietici a stringersi assieme per assicurare e difendere l'unità del
partito.

L'appello così conclude: 'La grande forza di direzione e di guida del popolo
sovietico nella lotta per l'edificazione del comunismo si trova nel nostro partito
comunista. L'unità forte, come acciaio e l'unità monolitica dei ranghi del partito
costituiscono la principale condizione della sua forza e della sua potenza.

Nostro compito è quello di custodire con gran cura l'unità del partito, di
educare i comunisti quali combattenti politici attivi per l'attuazione della
politica e delle decisioni del partito, di rafforzare ancora di più i legami del
partito con tutti i lavoratori, gli agricoltori e gli intellettuali poichè in questo
indissolubile legame con il popolo stanno la forza e l'invincibilità del nostro
partito.

Il partito considera quale uno dei suoi compiti essenziali l'educazione di tutti
i comunisti e dei lavoratori in uno spirito di alta vigilanza politica e di
irriconciliabile fermezza nella lotta contro i nemici interni ed esterni.

Il Consiglio Centrale del PC dell'URSS, il Consiglio dei Ministri dell'URSS ed il Praesidium del Consiglio Supremo dell'URSS, si rivolgono in questi giorni di dolore al partito ed a tutti i lavoratori della nostra Patria affinchè si stringono ancora di più attorno al Comitato Centrale ed al Governo sovietico, mobilitando tutte le loro forze ed energie creative nella grande causa di edificazione del comunismo nel nostro Paese.'

La popolazione di Mosca ha appreso la notizia dalla radio alle ore 6 di stamane (ore quattro italiane) qundo già il resto del mondo l'aveva ricevuta da una comunicazione speciale della Tass per i giornali di provincia. Immediatamente sono state esposte le bandiere a mezz'asta sugli edifici pubblici, e delle rappresentanze diplomatiche.

Un enorme ritratto di Stalin è stato collocato sulla facciata della sede centrale dei sindacati, ove la salma verrà esposta al popolo. Una commissione speciale è stata costituita per organizzare i funerali: di essa fanno parte Enrutchtchev, Kaganovitc, Chvernik, Vassilevsky, Artemiev, Yasnov, Pegov.

Al Presidente dell'Unione Sovietica, al Governo e al Ministero degli Esteri sono pervenuti numerosi messaggi di condoglianze.

Il Presidente Eisenhower ha inviato il seguente telegramma al Governo sovietico: 'Il Governo degli Stati Uniti porge le sue condoglianze ufficiali al Governo dell'Unione delle Repubbliche Sovietiche Socialiste, per la morte del Generalissimo Joseph Stalin, primo Ministro dell'Unione Sovietica.'

Gli alti funzionari americani, interrogati sulla morte di Stalin, si sono limitati a rinviare i giornalisti al comunicato ufficiale della Casa Bianca, contenente le condoglianze trasmesse a Mosca. Un portavoce del Dipartimento di Stato ha dichiarato di non aver nulla da aggiungere al messaggio presidenziale.

Il Presidente della Repubblica francese, Auriol, ha inviato il seguente telegramma al Presidente del Praesidium del Soviet Supremo Shvernik: 'Apprendo con emozione la notizia della morte del generalissimo Stalin. A nome dell Repubblica francese invio a Vostra Eccellenza …'

L'annuncio della fine del Generalissimo Giuseppe V. Stalin esorta al raccoglimento che la maestà della morte – confine estremo di ogni umana potenza – impone agli uomini e, in particolare, ai cattolici, i quali mossi da un sentimento di cristiana pietà, si rivolgono a Dio, Dispensatore della vita e della morte, chinano il capo e pregano.

Il nome di Stalin rimane per sempre legato alla muta e grande passione[3] della Chiesa.

I cattolici della Russia furono dispersi ancor prima della guerra: dopo il conflitto, furono distrutte fiorenti comunità di rito orientale: cominciò poi il dolente calvario dei nostri fratelli baltici[4] – lituani, lettoni, estoni. Infuriò ed infuria la tempesta sui cattolici romeni, bulgari, albanesi, ungheresi, cecoslovacchi, polacchi e in vaste plaghe dell'Oriente Asiatico.

La Chiesa del silenzio, che alcuni vorrebbero negare è anche la Chiesa della dispersione, degli esili, delle prigioni e del martirio: un martirio che nulla spiega e tanto meno giustifica se non un fiero odio ideologico.

E la Chiesa soffre e prega.

Nel febbraio del 1946, davanti ai rappresentanti delle Nazioni accreditate presso la Santa Sede Sua Santità Pio XII diceva: '... Noi abbiamo avuto la preoccupazione costante di arrestare un conflitto così funesto alla povera umanità. E per questo, in particolare. ci siamo ben guardati, nonostante certe pressioni tendenziose,[5] di lasciar sfuggire delle Nostre labbra o dalla Nostra penna una sola parola, un solo segno di approvazione o d'incoraggiamento per la guerra iniziata contro la Russia nel 1941. Certamente nessuno potrebbe contare sul Nostro silenzio quando sono in causa la fede e le fondamenta della civiltà cristiana. Dall'altra parte, non c'è nessun popolo cui non desideriamo, con tutta sincerità della Nostra anima, di vivere in dignità, in pace, nell'ambito dei propri confini ... .'

Più tardi, nel 1953, dopo sei anni di guerra, di aspro e mendace propaganda contro la Chiesa e Dio il Suo Capo Visibile, Sua Santità Pio XII confermava questi suoi paterni sentimenti nell'Enciclica 'Sacro vergente Anno' diretta ai popoli della Russia: 'Senza dubbio abbiamo condannato e respinto, secondo esige il dovere del Nostro officio, gli errori che i fautori del comunismo ateo insegnano e si sforzano di propagare con sommo scapito dei cittadini: ma gli erranti nonchè respingerli desideriamo che ritornino alla Verità e siano ricondotti sul retto sentiero ... .'

E con questo spirito che tutti i cattolici in unione di intenti e di pensieri col Capo Augusto dell Chiesa, levano a Dio una preghiera fervida perchè i fondamentali diritti della libertà siano finalmente riconosciuti in tanta parte del mondo agli individui e alla Chiesa.

Essi ben sanno che lo stesso pensiero sale da ogni luogo di pena e di sofferenza, da intere Nazioni.

Possano gli uomini, figli tutti di un solo Padre, ritrovare le vie della fratellanza, solo vie che veramente conducono ad un avvenire di pace nella luce della giustizia e della carità.

1 UP: United Press; a major press agency.
2 URSS: Soviet Union (USSR).
3 Passione: suffering (as in the suffering of Christ for the world).
4 Fratelli baltici: Baltic brothers.
5 Pressioni tendenziose: pressure from the governments of Hitler and Mussolini.

3.2 *Il Corriere della Sera*, 'Da Lenin a Stalin'

[...] In quest'opera di preparazione, durata quasi un ventennio, egli diede l'intera misura di sè. Furono anni di silenzio: la Russia pareva cancellata dal novero delle grandi potenze. Inutile, in questo momento, indagare fino a qual punto si possa parlare di 'ricostruzione' nell'immenso Paese che si distende su due continenti: più inutile ancora esaminare se il regime sovietico abbia instaurato il socialismo. Sappiamo tutti benissimo che la Russia non è il Paese del socialismo e che i fondatori della dottrina socialistica guarderebbero con terrore e con orrore alle 'realizzazioni' moscovite.[1] (Quel che più importa è la constatazione che lo Stalin riuscì nei due intenti, che erano i capisaldi del suo programma e che, probabilmente, non furono avvertiti, almeno in primo tempo, dai suoi stessi collaboratori. Prima di tutto, eliminare dalla coscienza del popolo russo tutto ciò che era occidentale e non tanto perchè fosse 'borghese', ma perchè era in assoluta antitesi con la tradizione russa e russa più ancora che slava: in secondo luogo, imporre una disciplina, un costume di lavoro ordinato, un metodo, uno spirito di sacrificio senza limiti al popolo facendo leva[2] sulle virtù originarie della razza. Il tempo delle ideologie, che valgono unicamente come strumenti di azione, era finito e doveva finire. Di qui il suo dissidio con Trotzski, pericoloso ideologo messianico, ostinatosi a 'favellare' di una assurda, insensata 'rivoluzione permanente'.

Quest'opera costò sacrifici inenarrabili e fu condotta con un rigore che non conobbe pietà. La libertà, il rispetto della persona umana, la tolleranza, la carità furono parole vane e furono trattate come cose morte. Solo durante la seconda guerra mondiale si vide quanto quell'opera avesse lavorato in profondità. E storia di ieri. Ma quando suonò l'ora della prova suprema[3] l'uomo si mostrò pari a se stesso e ai grandi compiti che aveva cercato e che la storia gli aveva assegnato. La condotta della guerra che culmino nell'epica difesa di Stalingrado, offrì la misura dell'uomo. Fosse suo o no il piano militare, è indubitato che egli lo esiguì come fosse stato suo. Con mirabile chiaroveggenza egli intuì il disegno di Hitler che con la consueta presunzione contava sicuramente sulla incapacità dell'avversario. La calma e il buon senso ebbero ragione del[4] disordinato furore e della vanità. Sicuro di avere indovinato, preparò la riserva strategica per la grande offensiva, insensibile alle richieste di rinforzi che gli venivano dai comandanti sottoposti alla durissima pressione tedesca. 'Possono gridare e lamentarsi finchè vogliono – disse al suo capo di stato maggiore – non promettete rinforzi a nessuno: non distogliete un solo battaglione dal fronte di Mosca.'

Come tutti gli uomini di Stato degni di questo nome, all'indomani della guerra si studiò di consolidare i risultati della vittoria e qua nasce il quesito se lo

Stalin perseguì tale fine con la necessaria moderazione. La risposta non può essere che negativa e non occorre esporne le ragioni, tanto sono conosciute e oggetto di polemica quotidiana. Per una fatalità, che è assai frequente nella storia, egli parve ereditare gli errori del nemico caduto nell'esaltazione di un imperialismo di fronte al quale impallidisce l'imperialismo germanico. Pensava egli a una nuova guerra? È probabile che l'idea di una nuova guerra fosse assente dal suo spirito, nella persuasione di poter conquistare l'egemonia in Europa e in Asia coi modi della guerra fredda e delle guerre civili. Assecondato dagli errori degli alleati, resto irriducibilmente fermo ai patti di Yalta e di Potsdam[5] e invano parlò di una pacifica convivenza dello Stato sovietico con gli Stati borghesi. L'Occidente non gli ha creduto e l'intransigenza moscovita ha aperto un problema nuovo, di portata incalcolabile, perchè alla lotta di potenza si è sovrapposta una lotta ideologica, una vera e propria lotta di religione. Triste eredita, che opprime il mondo col dubbio e con l'angoscia. [...]

1 'Realizzazioni' moscovite: its Moscow reality.
2 Facendo leva: taking advantage of.
3 Suonò l'ora della prova suprema: the hour of the supreme test struck.
4 Ebbero ragione del: overwhelmed.
5 Patti di Yalta e di Potsdam: pacts between the Allied Powers against Nazi Germany that gave the Soviet Union extensive areas of influence.

3.3 Vie Nuove, 'Stalin costruì per l'avvenire e lascia al mondo una politica di pace'

'Nelle case, nelle mescite, nelle trattorie, e nelle strade d'Inghilterra – raccontava il *News-Chronicle* il 5 marzo – la gente domandava ieri sera: *'Come sta Joe?'*. Era come se tenessero a voler bene a Joe, all'uomo che rispettarono durante la guerra e per il quale scrissero sui carri armati che fabbricavano per la Russia: *'Tieni, duro Joe, stiamo arrivando'*.

Sul piano della 'politica' con la p maiuscola, quella delle prese di posizione delicate, quella dove una parola conta più d'un discorso, la stampa inglese è stata franca, ha rivelato che il contatto con il pubblico non le permette di assumere posizioni diverse da quelle che il pubblico non vuole, in certi case: *'la politica dell'Urss* – ha scritto il *Daily Herald* – *non ha dato, fino all'ultimo, segno che i dirigenti sovietici intendano risolvere i problemi internazionali con una nuova guerra mondiale. E' difficile negare la grandezza dell'opera che Stalin svolse negli anni della guerra, e il popolo inglese si compiace di ricordare la lotta che lo accomunò allora all'Unione sovietica. Il più fervido desiderio degli inglesi è che la cooperazione dei due popoli possa essere rinnovata'*. Linguaggio d'occasione? Frasi di circostanza? Non è così, sappiamo di che sono capaci coloro che non desiderano un ritorno alla cooperazione tra i popoli, coloro che desiderano la rottura, la guerra. Basta guardare le dichiarazioni vili di De Gasperi, le dichiarazioni ipocrite di Eisenhower. Ma sono ancora gli inglesi, stavolta, ad ammonire: 'Sarebbe un errore fatale se gli Stati Uniti pronunciassero parole precipitose o compissero gesti affrettati, come, per esempio, se lanciassero una campagna di avventure. Occorre la massima prudenza'. E' il *Yorkshire Post*, un foglio del Ministero degli esteri,[1] che scrive così.

E nel resto del mondo? La statura dell'uomo s'è imposta a tutti, i parlamenti borghesi hanno sospeso le sedute in segno di lutto, i governi hanno dovuto associarsi, levarsi il cappello davanti alla salma di Stalin, dinnanzi a cui reverenti si chinavano i due terzi del mondo, dall'Alaska alla Nuova Zelanda, dalla Norvegia a Città del Capo, dal Giappone all'Italia.

Andiamo a leggere i giornali di tutti i colori, di tutte le lingue: sono pochi, e non contano quasi niente, quelli che si sono permessi il lusso dell'irriverenza: giusto un Tito, o la stampa americana oltranzista, come certa roba che si pubblica in Italia. Saragat ha dovuto definire Stalin un 'titano', il *Popolo* un 'genio', il *Messaggero* 'un grande', e così via. La manovra stessa, abbondantemente tentata, del creare il mito dell''insostituibilità', della 'fine', con Stalin, di tutta una politica che solo ora si riconosce essere stata di pace, dalla prima azione all'ultima, è abortita sul nascere. Che cosa accadrà? – cominciavano a scrivere in giornali tentando di diffondere il panico. Avremo un salto nel buio?[2] Poi, mano a mano che i commenti si dipanavano, l'elemento più 'grande' dell'opera di Stalin, loro malgrado appariva; fu un uomo che costruì per l'avvenire, lascia una eredità non 'personale' ma 'mondiale', lascia al mondo una politica nuova, una nuova scoperta, la politica di pace, 'arma segreta' del socialismo, bene umano invincibile, connaturato al genio politico del più grande uomo di Stato che il mondo moderno abbia avuto.

Quando Lenin morì, sull'Europa su cui già stava per scatenarsi il fascismo che, battuto sulle frontiere sovietiche, aveva premuto il tallone rabbioso sul resto d'Europa, l'Internazionale lanciò una parola d'ordine che fu grido di riscatto, di guerra a morte contro l'oppressione e la reazione: 'Lenin è morto, il leninismo vive'. Il leninismo fu la bandiera di Stalin ch'egli non abbandonò mai, divenne il tesuto per formare il corpo di tutti i movimenti comunisti nel mondo, per sostenere e creare gli stumenti per l'avanzata della civiltà nel mondo moderno.

Oggi Stalin è morto, ma lo stalinismo vive ancora. Vive sull'Europa liberata dal terrore dalla dittatura fascista, sul mondo salvato dalla barbarie: vive nei petti di ottocento milioni di uomini, resi coscienti da Stalin che la pace è un bene che i popoli tengono nelle loro mani. Vive nel petto di milioni e milioni di oppressi nei paesi di colonia, in Asia, in Africa, nel Medio Oriente: vive nel cuore degli operai del mondo intiero in marcia dovunque per restituire alla fabbrica la sua dignità di luogo di lavoro, e non di luogo di pena. Vive nella mente di migliaia e migliaia di intellettuali che avanzano sulla difficile strada della cultura, ricercano la verità scientifica, l'illuminazione filosofica; alle spalle c'è, anche per loro, la parola densa, illuminante, di Stalin, il suo sapere, la sua dottrina, il suo equilibrio.

Stalin è morto ma lo stalinismo vive: popoli intieri ravvicinati l'uno all'altro, membri del primo Stato plurinazionale del mondo, fondato da Stalin. E' un insegnamento che fa parte della vita dell'uomo moderno, come l'aria. Non morirà mai.

1 Foglio del Ministero degli esteri: the paper of the Foreign Office (sic).
2 Salto nel buio: leap in the dark.

Exercises

1 Compare the function of the citation of sources in the articles in *L'Osservatore Romano* and *Vie Nuove*.

2 Compare and contrast the different assessments of Stalin's life and legacy.

Piazza Fontana bombing

3.4 'Difendere la libertà'. *Il Corriere della Sera*, **13 December 1969**, reports the previous day's bombing of a Milan bank that had caused thirteen deaths. The editorial attributes general responsibility for the rise in violence to student and trade union protest. The front page, dominated by a photograph of the ruined building, gives the paper's own response and reports on official reactions and police inquiries. Less than a week later the paper names the principal culprits as Pietro Valpreda and Giuseppe Pinelli, but leading questions are being asked by radical journalists about who is really responsible for the massacre. In their eyes, the anarchists are scapegoats for a crime committed by fascists aided and abetted by agents within the Secret Services. This view is accepted as the truth by most commentators by the time of the twentieth anniversary. However, for young people of today the massacre is largely incomprehensible.

Il seme della violenza ha dato i suoi frutti avvelenati. L'orrendo attentato di piazza Fontana rappresenta – come ha sottolineato giustamente Saragat nel suo telegramma al presidente del Consiglio – l'ultimo anello di una tragica catena di atti terroristici che deve essere spezzata ad ogni costo per salvaguardare la vita e la libertà dei cittadini. Non sono possibili termini di confronto: non basta nessun richiamo o parallelo storico con la sola eccezione della strage del 'Diana'[1] nella Milano infuocata dell'altro dopoguerra. Assistiamo alla totale dissoluzione dei principi di convivenza, su cui non può non reggersi l'ordine democratico: attendiamo alla sfida selvaggia e criminale contro i valori di tolleranza. di mutuo rispetto, in una parola, di civiltà.

La contemporaneità con gli altri attentati, per fortuna meno sanguinosi, di Roma esclude un'iniziativa isolata, folle ma isolata. Gli ideatori e gli esecutori della mostruosa strage – a qualunque gruppo appartengano, di qualunque fanatismo siano seguaci – hanno operato con lucida consapevolezza omicida, nella volontà di sconvolgere le tavole di valori della nostra vita associata, di precipitare il paese nel caos, di colpire a morte, come si usa dire con linguaggio orecchiato, 'il sistema', ugualmene combattuto dagli opposti totalitarismi.[2] La scelta del bersaglio: una banca. La scelta dell'ora: ora di maggior affollamento dei correntisti, piccola e media borghesia, ceto minuto di agricoltori che a fine settimana consegnano i loro risparmi o ritirano i loro depositi, espressione di un mondo di valori ordinati e stabili che si vuole ferire e rovesciare, in base alla mistica demenziale dell'eversione. La scelta dei collegamenti simultanei: un'altra banca a Roma, con altri feriti ed eguale tecnica.

ORRENDA STRAGE A MILANO
Tredici morti e novanta feriti

Una bomba fra i sei e gli otto chili è esplosa alle 16.37 nella sede della Banca Nazionale dell'Agricoltura in piazza Fontana - Il dinamitardo l'aveva deposta, racchiusa in una valigetta, sotto una sedia nella sala principale dove si trovavano numerosi clienti, per la maggior parte piccoli agricoltori - La spaventosa deflagrazione ha falciato i presenti - Una visione terrificante - Fallito un secondo attentato alla sede centrale della Banca Commerciale in piazza della Scala: un ordigno lasciato su un ascensore non è esploso

Una spaventosa visione: la sala della Banca Nazionale dell'Agricoltura dopo il feroce attentato che ha distrutto tante vite umane. Il foro visibile al centro, fra le sedie, indica il punto dove è esploso l'ordigno. (Foto CSI

DIFENDERE LA LIBERTÀ

Saragat condanna la violenza omicida

ROMA 12 dicembre, notte.

Fermati molti estremisti

La democrazia deve difendersi: con le leggi democratiche, nel rispetto dell'ordine democratico, ultimo e non sostituibile riparo contro la violenza e la follia. Non è il momento degli stati d'assedio:[3] non è il momento delle leggi marziali.[4] Esistono nella legislazione repubblicana tutti gli strumenti atti a isolare i terroristi, sufficienti a punire i delinquenti. 'Tocca alle forze dell'ordine democratico – ripetiamo col presidente della Repubblica, che ha interpretato lo sgomento del paese, da vecchio socialista e democratico che ha conosciuto gli orrori della violenza e le conseguenze funeste di attentati analoghi tipo Diana – tocca all'autorità giudiziaria, innanzi alla quale giacciono numerose denunce per istigazione ad atti di terrorismo, restituire alla legge voluta dal popolo la sua sovranità'.

Tutti i nuclei estremisti, di qualunque colore, comunque camuffati, debbono essere messi in condizione di non nuocere: la libertà, necessaria e irrinunciabile, della propaganda e dell'opinione non può e non deve essere confusa con la libertà del delitto. Non parliamo, per carità, di 'contestazione',[5] un fenomeno complesso ed anche drammatico che ha radici nella cultura moderna, che si ripete in forme diverse ad ogni generazione. Oggi siamo di fronte ad un rigalleggiamento di violenza omicida, di furia selvaggia, di ansia distruggitrice. Non è la stanchezza di vecchi valori: non è la ricerca di nuovi orizzonti. Sono quei nuclei estremisti e irrazionali – seguaci della violenza, teorici della sopraffazione per la sopraffazione – che sempre hanno accompagnato le fasi di crescenza delle democrazie, ma che le democrazie hanno sempre avuto la forza di respingere dal loro seno.

Le tolleranze o le debolezze di pubblici poteri non potrebbero continuare senza gravissime e forse irreparabili conseguenze per quello che rimane dell'ordine democratico. Giustamente il presidente del Consiglio, Rumor, che governa in condizioni di tanto tragica impotenza politica per colpa delle indecifrabili lotte dei partiti e dei sottopartiti, ha preso solenne impegno col paese che nulla sarà lasciato d'intentato per scoprire chi ha distrutto vite umane e gettato un'intera città, una città come Milano, nella desolazione e nel dolore: a venti giorni dall'eccedio del povero agente Annarumma.[6] Le misure preannunciate dal governo, e invocate chiaramente dal Quirinale,[7] dovanno corrispondere agli impegni assunti: nel più rigoroso rispetto delle legalità, nella calma necessaria alla gravità dell'ora, senza isterismi colpevoli, ma senza colpevoli debolezze o negligenze o pigrizie.

Occorre assolutamente evitare che il paese si senta indifeso, che la pubblica opinione ripieghi sulle suicide suggestioni della tutela privata o di gruppo, quelle suggestioni che ci regalarono cinquant'anni fa la dittatura. Occorre salvare la libertà con la libertà. E l'impresa più difficile: ma è la sola per cui valga la pena battersi, fino in fondo e con ferma coscienza.

1 Strage del 'Diana': see 'Un tragico precedente', below.
2 Opposti totalitarismi: totalitarianisms of left and right.
3 Stati d'assedio: states of siege.
4 Leggi marziali: martial laws.
5 'Contestazione': a term used to describe the protest movements of the late 1960s.
6 Povero agente Annarumma: policeman killed during a demonstration and whose death was blamed on the demonstrators.
7 Quirinale: seat of the President (in this case, Giuseppe Saragat).

3.5 'Fermati molti estremisti' (Arnaldo Giuliani). A report on the front page of *Il Corriere della Sera*, accompanying the editorial (see 'Difendere la libertà) and carrying the headline 'Fermati molti estremisti' reconstructs the event, describes the aftermath of the explosion and refers to the initial stages of police inquiries.

Tredici morti e novanta feriti sono il spaventoso bilancio di un criminale attentato dinamitardo compiuto ieri pomeriggio nel cuore di Milano, alle spalle del duomo. I terroristi hanno scelto come loro obiettivo la sede centrale cittadina della Banca Nazionale dell'Agricoltura, in piazza Fontana 'seminandovi' ben mascherata una carica esplosiva di micidiale potenza. È stata una strage.

Un inferno

Una strage che soltanto il caso, la fortuna, il miracolo hanno voluto non si ripetesse in un altro punto della città. I terroristi avevano infatti scelto anche un secondo obiettivo: la sede centrale della Banca Commerciale, di piazza della Scala. Anche qui, contenuta in una borsa di finta pelle, i criminali dinamitardi avevano collocato un'altra potentissima carica esplosiva. Il congegno ad orologeria a transistor[1] non ha però funzionato e l'ordigno è stato scoperto in tempo. Era stato lasciato su uno degli ascensori che scende nel reparto delle cassette di sicurezza dalla parte di via Caserotte. Come riferiamo in un'altra pagina, la seconda 'bomba' è stata fatta brillare in serata.

L'ora esatta della deflagrazione di piazza Fontana è rimasta fissata sul grande orologio automatico, alla parete della vasta sala circolare dell'istituto di credito. Le lancette si sono fermate sulle 16.37, bloccate nel loro mechanismo, che regola anche il giorno della settimana e la data – questo tragico venerdì 12 dicembre – dal violentissimo scoppio. È stato l'attimo in cui un tranquillo pomeriggio di lavoro e di contrattazioni di affari si è tramutato in un pomeriggio di morte, di sangue, di lutto. I corpi delle tredici vittime sono stati dilaniati, maciullati, resi irriconoscibili dalla vampata di fuoco. E per minuti e minuti intorno a loro è stato l'inferno dei feriti, urlanti nel delirio della paura.

Il parere degli esperti artificieri, confortato da quanto si è potuto vagliare in tre ore di meticolose e febbrili ricerche, è quello che si sia trattato di un attentato al plastico. I dinamitardi (forse uno solo, messo in azione su un preciso e delinquenziale ordine) hanno usato una carica esplosivo plastico gelatinoso. Una carica stimata da sei a otto chilogrammi contenuta (come si è accertato dall'esame dei reperti) in un involucro metallico (forse un grosso barattolo) dello spessore di un millimetro e mezzo, a sua volta racchiuso in una valigetta. Il terrorista ha deposto il suo mortale bagaglio, dopo essere entrato nella banca confuso tra gli altri clienti, sembra sotto una delle sedie accostate ad un grande tavolo al centro della sala principale. Innescato l'ordigno e messo in funzione, probabilmente su un tempo brevissimo, il congegno ad orologeria, il criminale ha voltato le spalle e con passo tranquillo – sconosciuto assassino in mezzo ad una folla – se ne è andato, mettendosi in salvo.

Lampo accecante

La sede milanese della Banca Nazionale dell'Agricoltura è uno stabile dalla facciata primo Novecento. Ha sul suo fianco sinistro il palazzo dell'Arcivescovado, e, di fronte, lo spazio spianato dai *bulldozers* sul quale fino a poco tempo fa sorgeva l'ex-albergo Commercio, divenuto nel corso della inquieta storia della contestazione giovanile un covo di estremisti. Come è noto il 'Commercio' fu a lungo occupato dai 'maoisti'[2] e sgomberato solo nell'estate. All'istituto di credito si accede attraverso un'ampia entrata, ai cui lati sono, due per parte, le quattro 'luci' di spaziose vetrate. Un largo corridoio (sulla sinistra gli ascensori e le scale per accedere ai due piani superiori) e si entra in una spaziosa 'rotonda'. Una sala perfettamente circolare, di una ventina di metri di diametro, circondata da un curvilineo balcone dietro al quale lavorano i settanta impiegati preposti ai contatti con il pubblico [...]

Il grosso tavolo al centro della sala si è sbriciolato. In un lampo accecante tutt'intorno è stata morte e distruzione. Le vittime erano probabilmente quelle che all'attimo della deflagrazione si erano venute a trovare più vicine al tavolo forse addirittura appoggiate allo stesso per riempire con la penna il modulo di qualche operazione bancaria cui si accingevano. I loro corpi sono letteralmente volati nell'aria infiammata. Uno è stato alzato e gettato oltre il bancone degli impiegati: maciullato. spezzato in due.

1 Congegno ad orologeria a transistor: bomb with transistor timer.
2 'Maoisti': those whose model was Communist China.

3.6 'Un tragico precedente: lo scoppio al Diana' (Alberto Grisolia). A report in the Milanese pages of *Il Corriere della Sera*, 13 December 1969, finds a precedent in the bombing of a theatre in March 1921 by anarchists.

La bomba esplose la sera del 23 marzo 1921 e uccise ventun persone – Autori furono tre anarchici.

Milano subisce la seconda ondata di anarchica violenza della sua storia. La prima risale alla primavera del 1921, quasi mezzo secolo fa. Gli attentati furono quattro nel volgere di pochi mesi: all' albergo Cavour, alle Officine electtriche di via Gadio, al teatro Diana, alla redazione del quotidiano socialista *Avanti!*. Non vi furono vittime se non al Diana. La sera del 23 marzo 1921, e fu una strage: 21 morti et ottanta feriti.

Lo stesso salone ora ospita l'omonimo cinematografo. Era uno dei pochi teatri del medio centro milanese, insieme al Carcano di Porta Romana, e a quel tempo vi si davano gli spettacoli musicali più in voga. La sera del 23 marzo, al teatro Diana si rappresentava la 'Mazurka Blu' di Lehar, messa in scena dalla compagnia Darclée. Lo spettacolo cominciava alle 20.30 e si concludeva poco prima di mezzanotte. Alle 23, sul lato di via Mascagni che delimita uno dei lati della sala, scoppiò un ordigno esplosivo di eccezionale potenza. Lo scoppio sfondò una delle porte di accesso e investì la fascia anteriore della sala seminando la strage tra una parte del publico e degli orchestrali. I morti furono ventuno tra i quali una bambina: i feriti un centinaio, parte dei quali, come una giovinetta suonatrice d'arpa, rimasti mutilati e invalidi.

L'attentato del Diana s'inserì come un ulteriore elemento di turbamento in un clima politico e sociale che era già, da almeno due anni, gravemente compromesso dalla difficile reintegrazione dei reduci della grande guerra nell'attività produttiva e dalle azioni promosse dalle prime squadre fasciste contro lo Stato democratico, i partiti e le organizzazioni sindacali. Gli attentati degli anarchici – lo si può affermare a distanza di anni – fornirono il pretesto e l'occasione per altri disordini. Per esempio, quella notte stessa *Avanti!* fu attaccato da gruppi di govani fascisti [...]

3.7 'La propaganda del terrore' (Mario Cervi). The arrest of Pietro Valpreda is reported by *Il Corriere della Sera*, 17 December 1969. A portrait of the anarchist includes hypotheses about his criminal motivations.

Nel volgere di quattro giorni l'angoscioso mistero che avvolgeva il massacro di piazza Fontana e gli altri attentati di venerdì scorso è stato dissolto. Le autorità hanno una precisa e concreta convinzione sull'ambiente in cui maturò e fu ideato il feroce piano di distruzione e sui moventi che armarono la mano dei dinamitardi. Il crimine ha trovato esca[1] e alimento in circoli e gruppi anarchici o anarcoidi dove la predicazione di odio e di eversione, già più volte tradotta per il passato sul terreno della pratica, è diventata ossessione di violenza. Uno dei più attivi protagonisti di questa apocalissi sanguinosa, il ballerino Pietro Valpreda di 37 anni, è stato denunciato dalla polizia alla magistratura per concorso in strage. In lui sarebbe stato dunque individuato l'uomo che ha provocato la fine atroce di quattordici persone.

Il crimine ha ormai una fisionomia precisa, il criminale ha un volto. L'istruttoria stabilirà fino a qual punto i gravissimi indizi raccolti sul conto del Valpreda possano essere considerati certezza di prova, e quanti e quali complici o favoreggiatori abbiano consentito e facilitato – sempre che egli sia il colpevole – la sua folle impresa.

All'origine dell'inchiesta si colloca la deposizione di un autista di tassì, Cornello Rolandi, che la sera stessa dell'eccidio s'era presentato alla polizia, perchè aveva un ricordo assai vivido di una 'corsa' di quel pomeriggio. Aveva caricato, verso le 16, un giovane che reggeva una borsa non leggera e che si era fatto lasciare in via Santa Tecla, non lontano dalla Banca Nazione dell' Agricoltura. Dopo qualche minuto il passeggero era tornato sulla macchina, senza più la valigetta, aveva dato come indirizzo: via Albricci, lì era sceso definitivamente. Troppo ingenuo, troppo maldestro, tutto questo? Lo è senza dubbio, ma altri infiniti errori, non meno grossolani, hanno perduto le moltitudini di criminali che hanno affollato le carceri nei secoli.

Il Valpreda ha nonostante i 37 anni, un aspetto da giovane piuttosto beat,[2] che si accorda del resto con l'attività di ballerino: ma la sua salute è insidiata da una infermità grave, il morbo di Burger. La menomazione, che lo impedisce, lui ballerino, nelle gambe, potrebbe aver contribuito a scatenare una forsennata e irrazionale avversione per l'umanità intera. Nel pomeriggio di ieri Pietro Valpreda era stato trasferito, sotto sorveglianza, a Roma, dove sarebbero stati controllati gli alibi dietro i quali s'era trincerato.

Infine la cronaca di oggi: l'accentuarsi della pressione sul Valpreda, una fuga di notizie che aveva anticipato la fine delle indagini mentre ancora mancavano il riconoscimento dell'autista Rolandi e un avallo della magistratura all'arresto, infine, a sera, a Roma, il confronto Rolandi–Valpreda, evidentemente positivo, e la denuncia all'autorità giudiziaria. Mancano ancora molte tessere a un mosaico che non può reggersi né su un solo uomo né su un solo episodio. La rete di collegamenti, di aiuti pratici e di sobillazioni teoriche o intellettualistiche che avvolgeva il Valpreda e il Pinelli va dipanata, chiarita, separata nelle sue trame innocenti e nelle sue trame delittuose. Nessuno vuole una giudizia sommaria – così come nessuno la vuole troppo lenta – nessuno, sopratutto in questo caso, vuole una giustizia lacunosa. Il magma dell'inchiesta non è ancora consolidato. Ma alcune osservazioni sono fin d'ora lecite.

Diamo atto, intanto, alla polizia e alla magistratura, di un impegno e di una capacità che dovrebbe liberare presto Milano, e l'Italia da un incubo. Certo, tutti avremmo preferito che l'accertamento delle responsabilità colpisse, alla fine, una qualche organizzazione lontana e straniera: ci saremmo sentiti liberati dalla vaga oppressione che tuttora ci pesa. Uomini che passeggiavano forse accanto a noi, un ballerino in apparenza frivolo e innuoco, un ferroviere che la sera carezzava[3] affettuoso i suoi bambini risultano, seppure in misura diversa, implicati in un piano orrendo. Una remota indicazione straniera ci avrebbe rassicurati. Ponte della Ghisolfa, via Orsini,[4] così via, sono nomi a noi consueti. Altre illusioni sono cadute, anche le ultime: che almeno gli eversori di casa nostra potessero realizzare l'attentato dimostrativo, non la deliberata, micidiale strage.

Ma una successiva considerazione s'impone. Quante volte non abbiamo sentito, negli ultimi tempi, dai puristi della legalità formale, deplorare l'accanimento della polizia contro gli apostoli della rivoluzione e della distruzione della borghesia, presentati come ragazzi idealisti e ingenui? Quante volte non abbiamo sentito giustificare, con i più svariati motivi, gli atteggiamenti aggressivi dei 'gorilla' di vari movimenti più o meno giovanili, extraparlamentari ed estremisti, che amano munirsi di bastoni, mazze, catene e sostituiscono queste armi a quelle della dialettica politica?

Ci guardiamo bene dall'insinuare che tutti questi movimenti, che tutte queste predicazioni, possano concretamente approdare alla violenza e al crimine. E ci atteniamo alla regola di non pronunciare sentenze di condanna finché l'imputato è imputato. Non amiamo le cacce alle streghe,[5] e non saremo certo noi a suggerirle. Ma il filone delle indagini sul massacro di piazza Fontana, e la denuncia della polizia ammoniscono che la seminazione di odio non è mai innocente né ingenua, non dà mai buoni frutti. È indispensabile stroncare la propaganda del terrore e della morte, anche se si sviluppa con filosofemi pseudo-politici.[6] Chi suggerisce il lassismo e l'indulgenza, nel rapporto fra lo Stato e la violenza, si assume dopo questi poveri quattordici morti, una responsabilità troppo grande per chiunque.

1 Trovato esca: found nourishment.
2 Beat: beatnik; dissident cultural movement originating in U.S.A in early 1960s.
3 Ferroviere che la sera carezzava: a reference to Pinelli (see *Una finestra sulla strage*).
4 Ponte della Ghisolfa, via Orsini: addresses of anarchist meeting-places; the first is also the name of a story by Giovanni Testori.
5 Cacce alle streghe: witch-hunts.
6 Filosofemi pseudo-politici: pseudo-political sophisms.

3.8 An extract from Camilla Cederna, *Una finestra sulla strage*, Milan, Feltrinelli, 1971, pp. 11-17. Cederna, together with other journalists, questioned the official explanation of the death of the anarchist railway worker – suicide – and suggested that the truth was being deliberately covered up by the authorities. Her portrait of Pinelli contrasts with those drawn by much of the press.

Ma Pinelli è e resterà sempre un morto ingombrante. Seppellito dentro la sua bandiera nera, non dà pace ai vivi che l'hanno portato alla tomba. Il suo nome infatti torna fuori sempre più di frequente, a poco a poco diventa come un rimorso comune, una causa di fondo disagio, infine un'accusa. Ben presto (il giorno dopo per i suoi amici) diventano flagranti menzogne le dichiarazioni di Guida, intanto cresce di continuo la gente che vorrebbe sapere come sono andate davvero le cose quella tal notte in questura, chi l'ha conosciuto ne parla e ne scrive, facendo il ritratto tanto di un uomo del tutto estraneo a qualsiasi episodio di violenza, come assolutamente alieno dal volersi togliere la vita.

Comincia a circolare fra i giornalisti la lettera che proprio il giorno 12 Pinelli ha scritto a Paolo Faccioli, il più giovane degli anarchici incarcerati per gli attentati del 25 aprile. Gli chiede che libri vuole, lui gli manderebbe l'*Antologia di Spoon River*[1] ('non posso mandartene di politici perché me li renderebbero'), ricordandogli fra l'altro che 'l'anarchismo non è violenza, la rigettiamo, ma non vogliamo subirla. Esso è ragionamento e responsabilità e questo lo ammette anche la stampa borghese; ora speriamo lo comprenda anche la magistratura. Nessuno riesce a capire il comportamento dei magistrati nei vostri confronti.'

Sull' 'Espresso', et sull' 'Astrolabio', ai primi di febbraio vien pubblicata la lettera di Giuseppe Gozzini, il primo obiettore di coscienza[2] cattolico, amico del Pinelli, ed è giusto che a due anni di distanza la legga chi allora se l'era lasciata sfuggire. 'Aveva seguito gli sviluppi del mio processo negli ambienti cattolici (sopratutto fiorentini) ed era come affascinato dal tipo di testimonianza. Conosceva, e non per sentito dire, movimenti e gruppi che si ispiravano alla non-violeza e voleva discutere con me sulle possibilità che la non-violenza diventasse strumento d'azione politica e l'obiezione di coscienza stile di vita, impegno sociale permanente.

'Io gli parlavo di "società basata sull'egoismo institucionalizzato", di "disordine costituito", di "lotta di classe" e lui mi riportava oltre le formule, alla radice dei problemi, incrollabile nella sua fede nell'uomo e nella necessità di edificare "l'uomo nuovo", lavorando dal basso. Poi ci vedemmo in molte altre occasioni e i punti fermi della nostra amicizia divennero don Primo Mazzolari e don Lorenzo Milani,[3] due preti "scomodi", che hanno lasciato il segno e non solo nella chiesa.

'Vivere del suo lavoro, povero "come gli uccelli dell'aria", solido negli affetti, assetato di amicizia, e gli amici li scuoteva con la sua inesauribile carica umana. Le etichette non mi sono mai piaciute. Quella che hanno appioppato a Pinelli: "anarchico invididualista", è melensa, per non dire sconcia. Si è sempre battuto infatti contro l'individualismo delle coscienze addomesticate; lui, ateo, aiuteva i cristiani a credere (e lo possono testimoniare tanti miei amici cattolici); lui operaio, insegnava agli intellettuali a pensare, finalmente liberi da schemi asfittici. Non ignorava le radici sociali dell'ingiustizia, ma non aveva fiducia nei mutamenti radicali, nelle "rivoluzioni" che lasciano gli uomini come prima. Paziente, candido, scoperto nel suo quotidiano impegno, era lontano dagli "estremismi" alla moda, dalle ideologie che riempiono la testa ma lasciarono vuoto il cuore. Stavo bene con lui, anche per questo.'

È sempre Gozzini che poi mi parlerà di lui, di com'era genuino, pieno di intuizioni intelligenti, di come sapeva leggere, assimilando bene, smaltendo in fretta. Di come gli piaceva aver intorno tanta gente per parlare, tirar tardi la notte a discutere, magari sull'ultimo libro di don Milani. Sapeva stare a suo agio con gli operai e coi borghesi, coi cattolici e coi giovani beat. 'È orribile pensare che si sia potuto sospettare di lui. Che si fosse ucciso non ci ho mai creduto. Alla notizia ho pensato che "fosse stato morto", ecco quello che ho pensato.'

Mentre sulla sua morte viene aperta un'inchiesta che la magistratura affida al sostituto procuratore Giovanni Caizzi, e che vien condotta nel massimo segreto (impedendo tra l'altro che la madre e la vedova si costituiscano parte civile), non passa giorno, si può dire, che attraverso i giornali, le confidenze degli amici, una conversazione con la mamma e la moglie, non si impari qualche cosa di nuovo sulla figura del Pinelli, la quale a poco a poco diventa sempre meno segreta, anzi assume contorni precisi: non è più soltanto 'il ferroviere anarchico autodidatta' dei primi giorni, con la barba nera, il sorriso pungente, gli occhi castani.

Parlo ancora con dei giovani intellettuali, con Bruno Manghi e con Luigi Ruggiu, redattori ambedue di 'Questitalia', la rivista del dissenso cattolico, e il ritratto, invece di scolorire col tempo, si fa sempre più vivo; il personaggio ambiguo presentatoci in questura spicca subito come eroe positivo. Quello che colpiva di più quanti capitavano in casa sua magari per far copiare a macchina un saggio o una tesi, e immancabilmente si trovavan di lí a qualche giorno a colazione dai Pinelli, era il carattere tradizionale della famiglia. Soltanto due le stanze nella casa francamente brutta, costruita intorno agli anni Quaranta, ma sempre il modo di sistemare un ospite di passaggio o un amico senza un soldo.

Cosí esuberante, giovane, eccessivo, agli amici intellettuali Pinelli pareva un personaggio del passato, un po' sul tipo di quegli operai comunisti che la sera leggevano Gorki. E sembrava loro che appartenesse al passato anche per quel suo frequente discorso sui valori piuttosto che sulle strategie politiche o sul problema del potere, abbastanza tipico di una certa categoria di anarchici. Una sua idea fissa era quella dell'avvicendarsi delle cariche e dei ruoli in una società dove tutti contassero in modo uguale, per evitare la scissione tra il lavoro manuale e quello intellettuale.

Era uno dei suoi discorsi preferiti e una delle sue più ingenue speranze. Ma la sua ingenuità si rivelava anche nel rispetto per la cultura con la C maiuscola: chiedeva a tutti che gli traducessero certi brani di riviste, mentre la sua visione internazionale dell'anarchia si rivelava, oltre che nei suoi discorsi, anche nella cura con cui conservava documenti e scritti in lingua straniera (cubani, svedesi, spagnoli) che non sapeva decifrare, ma gli davano forse il senso della presenza del movimento al di là dei confini dell'Italia e dell'Europa. Teneva discorsi, organizzava marce, era membro attivo di quel Centro di tutela e di solidarietà degli anarchici che è la 'Croce Nera', di aiuto inoltre ai perseguitati politici e alle loro famiglie, a chi è in carcere o di passaggio.

La ferrovia era un grosso mito per lui, e agli amici raccontava i tratti umani di questo suo lavoro, mai cose tecniche, ma storie e vite di ferrovieri. L'equilibrio della piccola famiglia era tale che marito e moglie spesso e volentieri si scambiavano il lavoro casalingo: lei a scrivere a macchina le tesi che la interessavano (ed imparava sempre qualcosa di nuovo anche lei esercitando a sua volta un'autorità quasi materna sui giovani universitari), lui invece che portava a scuola le bambine, le andava a prendere, faceva la spesa al supermercato e per divertirsi faceva benissimo da cucina: il risotto se appena c'era un ospite era la sua specialità, insieme alla polenta e al coniglio arrostito con le erbe.

Non tollerava che qualcuno si drogasse, irritandosi se da qualche altro sentiva vantare un'eccessiva libertà di rapporti sessuali. Vestiva francamente male, ma non era il malvestito in costume di oggi; lui non badava a quel che aveva addosso, magari la giacca con le spalle cascanti, le scarpe scalcagnate, il colletto con una punta qui e una là.

La madre racconta che da ragazzo il suo Pino si era esercitato alla boxe in palestra, ma aveva smesso presto perché gli seccava picchiare, non sapeva farlo, detestava il corpo a corpo, la colluttazione. La moglie amava in lui tutti quegli aspetti spiccioli di bontà, sensibilità e gentilezza, ma si preoccupava anche un po' per gli elementi di disordine materiale che comportava una vita come la sua, cosí spesso fuori dalla famiglia (come aveva cominciato a far in quel caldo 1968), e poi sempre gente fra i piedi, anarchici, ferrovieri, studenti di sociologia, economia, filosofia, psicologia ('tu t'impegni troppo e su troppi quadranti, non sei mai a casa quando ti vorremmo'). Ma proprio anche attraverso la moglie, Pinelli aveva fatto molti incontri e rafforzato la sua fiducia sull' 'appropriazione' del sapere.

Eran cinque o sei tra i suoi migliori amici a sapere che negli ultimi mesi della sua vita, per esempio anche durante l'ultimo sciopero della fame degli anarchici davanti a San Vittore, Pinelli aveva ricevuto dure minacce dalla polizia. Passato il tempo da quando Allegra e Calabresi gli avevano regalato *Mille milioni di uomini* di Enrico Emanuelli; ora lo guardavano scuri in viso, spesso provocandolo, e una volta lo avevano anche severamente avvertito di stare attento ('potresti anche perdere il posto'). Si era accorto di esser pedinato.

1 *Antologia di Spoon River:* Poetry of Walt Whitman.
2 Obiettore di coscienza: conscientious objector.
3 Don Primo Mazzolari e don Lorenzo Milani: radical Catholic priests whose example was influential in opposition movements of the 1960s.

3.10 'Il romanzo delle stragi'. An extract from Pier Paolo Pasolini's denunciatory article first published in *Il Corriere della Sera*, 14 November 1974, when Piero Ottone was editor. Pasolini claims that as a writer and intellectual he knows the truth about the bombings in Italy.

Io so.

Io so i nomi dei responsabili di quello che viene chiamato *golpe*[1] (e che in realtà è una serie di *golpes* istituitasi a sistema di protezione del potere).

Io so i nomi dei responsabili della strage di Milano del 12 dicembre 1969.

Io so i nomi dei responsabili delle stragi di Brescia e di Bologna[2] dei primi mesi del 1974.

Io so i nomi del 'vertice' che ha manovrato, dunque, sia i vecchi fascisti ideatori di *golpes*, sia i neofascisti[3] autori materiali delle prime stragi, sia infine, gli 'ignoti' autori materiali delle stragi più recenti.

Io so i nomi che hanno gestito le due differenti, anzi, opposte, fasi della tensione: una prima fase anticomunista (Milano 1969), e una seconda fase antifascista (Brescia e Bologna 1974).

Io so i nomi del gruppo di potenti, che, con l'aiuto della CIA (e in second'ordine dei colonnelli greci[4] e della mafia), hanno prima creato (del resto miseramente fallendo) una crociata anticomunista, a tamponare il 1968,[5] e in seguito, sempre con l'aiuto e per ispirazione della CIA, si sono ricostituiti una verginità antifascista, a tamponare il disastro del referendum.[6]

Io so i nomi di coloro che, tra una messa e l'altra, hanno dato le disposizioni e assicurato la protezione politica a vecchi generali (per tenere in piedi, di riserva, l'organizzazione di un potenziale colpo di Stato), a giovani neofascisti, anzi neonazisti (per creare in concreto la tensione anticomunista) e infine a criminali comuni, fino a questo momento, e forse per sempre, senza nome (per creare la successiva tensione antifascista). Io so i nomi delle persone serie e importanti che stanno dietro a dei personaggi comici come quel generale della Forestale che operava, alquanto operettisticamente, a Città Ducale (mentre i boschi italiani bruciavano), o a dei personaggi grigi e puramente organizzativi come il generale Miceli.

Io so i nomi delle persone serie e importanti che stanno dietro ai tragici ragazzi che hanno scelto le suicide atrocità fasciste e ai malfattori comuni, siciliani o no, che si sono messi a disposizione, come killer e sicari.

Io so tutti questi nomi e so tutti i fatti (attentati alle istituzioni e stragi) di cui si sono resi colpevoli.

Io so. Ma non ho le prove. Non ho nemmeno indizi.

Io so perché sono un intellettuale, uno scrittore, che cerca di seguire tutto ciò che succede, di conoscere tutto ciò che se ne scrive, di immaginare tutto ciò che non si sa o che si tace; che coordina fatti anche lontani, che mette insieme i pezzi disorganizzati e frammentari di un intero coerente quadro politico, che ristabilisce la logica là dove sembrano regnare l'arbitrarietà, la follia e il mistero.

Tutto ciò fa parte del mio mestiere e dell'istinto del mio mestiere. Credo che sia difficile che il mio 'progetto di romanzo' sia sbagliato, che non abbia cioè attinenza con la realtà, e che i suoi riferimenti a fatti e persone reali siano inesatti. Credo inoltre che molti altri intellettuali e romanzieri sappiano ciò che so io in quanto intellettuale e romanziere. Perché la ricostruzione della verità a proposito di ciò che è succcsso in Italia dopo il 1968 non è poi così difficile.

Tale verità – lo si sente con assoluta precisione – sta dietro una grande quantità di interventi anche giornalistici e politici: cioè non di immaginazione o di finzione come è per sua natura il mio. Ultimo esempio: è chiaro che la verità urgeva, con tutti i suoi nomi, dietro all'editoriale del 'Corriere della sera', del 1° novembre 1974.

Probabilmente i giornalisti e i politici hanno anche delle prove o, almeno, degli indizi.

Ora il problema è questo: i giornalisti e i politici, pur avendo forse delle prove e certamente degli indizi, non fanno i nomi.

A chi dunque compete fare questi nomi? Evidentemente a chi non solo ha il necessario coraggio, ma, insieme, non è compromesso *nella pratica* col potere, e, inoltre, non ha, per definizione, niente da perdere: cioè un intellettuale.

Un intellettuale dunque potrebbe benissimo fare pubblicamente quei nomi: ma egli non ha né prove né indizi.

Il potere e il mondo che, pur non essendo del potere, tiene rapporti pratici col potere, ha escluso gli intellettuali liberi – proprio per il modo in cui è fatto – dalla possibilità di avere prove ed indizi.

Mi si potrebbe obiettare che io, per esempio, come intellettuale, e inventore di storie, potrei entrare in quel mondo esplicitamente politico (del potere o intorno al potere), compromettermi con esso, e quindi partecipare del diritto ad avere, con una certa alta probabilità, prove ed indizi.

Ma a tale obiezione io risponderei che ciò non è possibile, perché è proprio la ripugnanza ad entrare in un simile mondo politico che si identifica col mio potenziale coraggio intellettuale à dire la verità: cioè a fare i nomi.

Il coraggio intellettuale della verità e la pratica politica sono due cose inconciliabili in Italia. [...]

---

1 Golpe: Derived from the Spanish word meaning 'coup'.
2 Stragi di Brescia e di Bologna: the first was a bomb attack on an anti-fascist demonstration; the second a bomb planted in a train, both carried out in 1974.
3 Neo-fascisti: the successors of Mussolini's Republic of Salò mostly belonging to the Movimento Sociale Italiano.
4 Colonnelli greci: colonels who overthrew the democratic government in Greece in 1967.
5 Il 1968: reference to the protest movements of the late 1960s.
6 Referendum: referendum of 1974 in which an attempt to rescind the divorce law was defeated.

3.11 '**Una bomba che colpì il cuore dello Stato**'. Giorgio Bocca's article on the front and inside pages of *La Repubblica*, 12 December 1989, examines the historical legacy of the Piazza Fontana bombing twenty years after the event.

Una équipe di sociologi[1] della università di Bologna ha interrogato centinaia di terroristi sui motivi della loro scelta radicale. Risposte differenti, salvo che su un punto: piazza Fontana. Per quasi tutti piazza Fontana è stato il segno inequivocabile, la spinta decisiva, l'adesso o mai più. 'Da piazza Fontana', ha scritto Norberto Bobbio 'è cominciata la degenerazione del nostro sistema democratico'. Siamo venti anni dopo e venti anni sono tanti, ma ci possiamo ancora chiedere: perché la strage di piazza Fontana del 12 dicembre 1969 ha segnato per generazioni di italiani la fine di un'epoca fortemente conflittuale, ma anche fortemente solidale nella costruzione della democrazia e l'inizio degli anni di piombo,[2] del marasma, della grande paura?

Intanto la sorpresa, panica, lo scatenamento delle angosce, dei terrori, tanto più forti quanto più vaghi, sfuggenti. Delle bombe anarchiche del principio del secolo si era persa quasi la memoria, al massimo tornavano sui giornali come leggende, come favole apuane[3] di dinamitardi con il cuore d'oro. Per tutto il ventennio fascista ogni atto terroristico era stato sventato o taciuto e neppure durante la guerra civile si era fatto uso, dai partigiani e dai fascisti, di un terrorismo simile, c'era sempre stato un rapporto di causa-effetto, di responsabilità reciproche, di conflitto dichiarato fra chi colpiva e chi subiva.

Si dirà: ma nel 1969, prima di piazza Fontana, c'erano già stati cento-quarantacinque attentati in gran parte di impronta fascista. Sì, ma erano sembrati fuochi sparsi e febbrili di estremisti marginali, postumi della grande febbre sessantottina. Piazza Fontana è ben altro, è la rivelazione di uno scontro più alto, terribilmente ambiguo.

Non siamo più alle lotte di fazione nostrane, agli estremismi di casa, ma a una operazione intimidatrice e repressiva che coinvolge una parte dello Stato, i servizi segreti, l'apparato militare poliziesco della Nato.

Di fronte ai morti e ai feriti per la esplosione nella Banca di piazza Fontana la gente intravvede, sente l'ombra lunga e sfuggente di un potere mult-inazionale, impietoso ed estraneo, eccessivo perché indifferente, grossolano, incauto perché ultrasicuro di sé, pronto ad usare qualsiasi mezzo.

Un potere a cui lo Stato, il nostro Stato, nato non diciamo dalla Resistenza ma da una guerra civile conclusa, da una dittatura finita, da una volontà comune di construire democrazia e benessere, non sa più opporsi.

Dicono che dopo piazza Fontana siamo stati sommersi e avvelenati dalla cultura del sospetto e certamente sul caso Pinelli e su altri di quella tragica vicenda, sulle trame rosse o nere,[4] su tutte le dietrologie[5] di quegli anni convulsi abbiamo quasi tutti peccato di leggerezza o faziosità. Ma che una parte, e parte dominante, dello Stato abbia coperto i responsabili di quella e delle successive stragi è fuori di ogni dubbio.

Come legati da un filo invisibile, come diretti da una centrale coperta, non facilmente definibile, ma unica e indiscutibile, poliziotti, questori, prefetti, magistrati, giornalisti, ministri, alti e bassi funzionari, nascondono, depistano, insabbiano.

I maggiori indiziati

Guido Giannettini e Marco Pozzan, due dei maggiori indiziati, vengono prima nascosti e poi fatti espatriare clandestinamente dai servizi segreti; il Sid nega sistematicamente informazioni e suggerimenti alla magistratura, tiene nascosta una perizia tedesca che convalida i sospetti sulla trama nera; il ritrovamento a Padova del negozio in cui sono state vendute borse identiche a quelle usate per la strage viene segnalato al ministero degli Interni ma li si ferma, passeranno mesi prima che il giudice Stiz individui la pista veneta. I commissario di polizia Pasquale Juliano che indaga con sagacia sulla pista veneta viene demolito da una campagna di diffamazione orchestrata dai fogli vicini ai servizi segreti, sospeso dal servizio, mentre nessuno dei depistatori o insabbiatori subirà la minima noia giudiziaria o amministrativa.

Dice bene Norberto Bobbio: a piazza Fontana inizia la degenerazione del nostro sistema democratico. E' lì, in quella caliginosa sera di dicembre, che saltano le regole del gioco della prima republica, le regole di uno Stato non neutrale nei conflitti sociali, ma non schizofrenico, non dissociato, come questo, rivelato da piazza Fontana, in cui una parte dei governanti e dei funzionari ignorano ciò che un'altra parte ordisce e segretamente fa eseguire. Ne deriva nella vita sociale e poltica una incertezza angosciante, una perdita generale di fiducia, non si sa più se chi rappresenta lo Stato è dalla parte dei cittadini o da quella di chi vuole assicurare, costi quel che costi, con feroce grossolanità, la disciplina imperiale.

I governanti di domani

Sembra smarrita anche la sapienza poliziesca borbonica,[6] che pure è continuata anche nella polizia giolittiana e fascista, quel suo sapere reprimere morbidamente, quel suo non dimenticare mai che gli oppositori d'oggi potrebbero essere i governanti di domani, senza valicare mai le misure italiane, senza chiudere mai la porta al compromesso. Si è invece di fronte a un potere che fa strage di innocenti, che usa e copre sicari.

E' il terreno adatto al diffondersi di nevrosi politiche e informative. Tutti sembrano dimenticare che i conflitti sociali, gli autunni caldi[7] e caldissimi restano pur sempre governabili dal sindacato, non sono l'inizio di un processo rivoluzionario, ma spinte riformistiche con apparenze e rituali rivoluzionari.

Ed è questa nevrosi che fa passare l'equivoco di una vigilia rivoluzionaria, è questo smarrimento della coscienza e delle organizzazioni democratiche che offre alle anime estremiste l'occasione attesa, che gli apre la porta alle utopie più dissennate. Gli anni di piombo non sono imputabili solo a piazza Fontana. Ma certamente piazza Fontana ha dato la spinta decisiva a chi li voleva.

1 Equipe di sociologi: the Cattaneo Institute in Bologna.
2 Anni di piombo: years of the bullet; i.e. the period of the 1970s dominated by political terrorism.
3 Favole apuane: Mountainous area of Tuscany known for its anarchist traditions.
4 Trame rosse o nere: red and black conspiracies; i.e. conspiracies involving the extreme left and right.
5 Dietrologie: analyses that assume that there are conspiracies *behind* every political development.
6 Borbonica: Bourbon dynasty which ruled in Southern Italy until Unification.
7 Autunni caldi: reference to the 'hot autumn' strikes of 1969.

3.12 'Ore dieci tutti a lezione di strage' (Guido Vergari). Official commemorations continue to mark the Piazza Fontana bombing into the 1990s, but the younger participants no longer understand what happened and why. This article in *La Repubblica*, 14 January 1992, looks at their 're-writing' of history.

Tredici dicembre 1991 il giorno dopo lo sciopero e le manifestazioni studentesche per il ventiduesimo e ancora buio anniversario della strage di piazza Fontana. Maria Castronovo, professoressa di italiano e storia all'Istituto Tecnico Commerciale 'Ezio Vanoni' di Trezzo sull'Adda, dà agli studenti di ragioneria, ragazzi e ragazze attorno ai diciassette anni, un tema su quella bomba, su quei sedici morti che stanno ficcati nel suo ricordo ('La mia giovinezza coincide con lo stragismo gli anni di piombo', dice) e nella sua ideologia. Gli alunni hanno partecipato allo sciopero e alla sfilata. Ma con quale conoscenza, quale coscienza dell'evento che, ventidue anni dopo come ogni 12 dicembre, li ha portati in piazza?

Gli allievi, lo testimonia la professoressa, sono 'svegli, hanno voglia di sapere, di imparare, si impegnano in programmi anche innovativi, non sbadigliano di noia, di indifferenza se, uscendo dal rituale percorso scolastico, la cattedra propone di affrontare il problema memoria – storia alla luce del lavoro di Fernand Braudel o se li si invita a leggere i quotidiani pensando a quanto ha scritto Umberto Eco sul presupporre del giornalismo rispetto agli antefatti,[1] al 'passato' delle notizie'.

Quando Maria Castronovo corregge i temi, viene presa da 'un senso di vertigine, di disperazione' che, insieme agli 'elaborati' dei suoi alunni, riversa in una lettera al settimanale *Cuore*,[2] quasi in risposta a un editoriale di Corrado

Stajano, lo scrittore di 'Un eroe borghese', il giornalista di tante cronache su piazza Fontana.

Stajano, in quell'articolo, poneva un rettorico interrogativo: 'Chissà quanti dei ragazzi che il 12 dicembre sono sfilati in corteo nelle strade di tutte le città d'Italia sanno che cosa è stata veramente la strage di piazza Fontana per le generazioni venute prima della loro?'. I temi in classe, che *Cuore* pubblica in un 'terrificante paginone' centrale, documentano non solo un immenso vuoto di memoria storica ma il ribaltamento della storia, una magmatica riscrittura delle minime verità appurate che non porta in campo lo stragismo nero, i servizi segreti ma esclusivamente le allora inesistenti Brigate Rosse e mischia l'azzoppamento[3] di Montanelli alla Banca dell'Agricoltura, Vallanzasca,[4] e il terrorismo rosso, i sequestri di persona, la mafia alla dinamite politica.

'Accadde che dei componenti delle brigate rosse misero una bomba nella banca dell'agricoltura a Milano. Io non so il vero e proprio motivo di quello che hanno fatto ma so di certo che riguarda la politica. Questa strage è successa perché le brigate rosse non condividevano le idee del governo …'.

'Una ipotesi della polizia sulla strage di piazza Fontana e che è stata resa nota anche alla gente fu quella delle Brigate Rosse. Anche queste fanno parte delle cosche mafiose che esistono in Italia e che recano danni morali e fisici a molte persone uccidendo i familiari o come sta succedendo adesso rapendo i figli di imprenditori e chiedendo riscatti enormi. Queste ipotesi portarono ad un principale indiziato che fu il brigatista Vallanzasca o forse Valpreda, il quale venne incolpato forse per sviare altri indizi che probabilmente portavano a persone molto importanti del governo'.

'Il dodici dicembre di ventidue anni fa ci fu una terribile strage in piazza Fontana. L'attentato fu commesso dalle brigate rosse forse per un motivo politico … Gli attentatori non vennero mai presi e i loro nomi non sono noti. Anche i testimoni in poco tempo sparirono come gli attentatori (uno dei pochissimi che si è salvato è stato Montanelli Indro che ci ha lasciato preziose informazioni)'. […] 'Forse, il paginone di *Cuore* servirà ad ottenere una risposta anche a questo. Non è la smemoratezza storica dei miei ragazzi ad avermi dato le vertigini. Insegno da tanti anni. L'ho fatto con gli handicappati e alle medie inferiori e alle superiori e, adessso, lo faccio in queste classi di Ragioneria. So i vuoti di memoria storica degli adolescenti. Ma qui siamo al ribaltamento, alla riscrittura, a una confusissima e parziale sbagliata minestra di notizie. E' questo che provoca disperazione'.

1 Antefatti: preceding events.
2 *Cuore*: satirical weekly publication edited at the time by Michele Serra.
3 Azzoppamento: knee-capping.
4 Vallanzasca: violent criminal gang operating in Milan in the 1960s.

Exercises

1 How is the horror of the Piazza Fontana bombing communicated to readers of *Il Corriere della Sera*?

2 Discuss the reference to the 1922 bombing of the Diana theatre in attributing responsibility for the Piazza Fontana bomb.

3 Read the article on Pietro Valpreda alongside the piece on Pinelli by Camilla Cederna.

4 Consider the role of the press in sustaining collective memory of events such as the Piazza Fontana bombing with reference to the articles by Pasolini and Bocca and 'Ore dieci tutti a lezione di strage'.

The Mario Chiesa scandal

3.13 'La microspia[1] che registra la mazzetta[2]' (Michele Brambilla). On 17 February 1992 Mario Chiesa, a Socialist Party politician and close associate of Bettino Craxi's son, Bobo, was arrested on charges of receiving a rake-off from a public works contract. It was the beginning of what was soon called the scandal of 'Tangentopoli'. Michele Brambilla reports the case in *Il Corriere della Sera*, 20 February 1992, and there is an accompanying commentary on the significance of the scandal by the columnist Giuseppe Turani (3.14 below).

MILANO. 'Si, ho preso quei soldi, però ...'. Mario Chiesa, il presidente dalla 'Baggina'[3] e dei 'Martinitt'[4] arrestato lunedì per concussione, è stato interrogato ieri mattina dal giudice per le indagini preliminari Fabio Paparella. Ha ammesso di aver intascato una tangente[5] – nè poteva fare altrimenti, visto che è stato colto in flagrante[6] mentre ritirava una bustarella[7] da 7 milioni – ma ha detto che non era stato lui a imporre il 'pizzo'[8] sull'appalto. 'E stato un imprenditore a offrirmi la tangente, la mia colpa è stata quella di aver accettato', ha detto. Una versione che susciterà la reazione dell'imprenditore, il quale prima di consegnare la 'busta' è andato a far denuncia dai carabinieri. Segno che di pagare non aveva molta voglia.

In ogni caso, un ipotetico accordo fra le parti non sposterebbe di molto la posizione di Mario Chiesa: sarebbe corruzione invece che concussione.[9] Sempre reato è, e sempre grave per un pubblico amministratore tanto che il Psi, che martedì aveva preso un provvedimento di sospensione in via cautelare,[10] ieri ha deciso di allontanare definitivamente Chiesa dal partito.

A Torino, dov'era in corso l'assemblea nazionale socialista, l'Ufficio stampa del Psi ha comunicato che il presidente della Commissione nazionale di garanzia del partito, Giorgio Casoli, 'dopo aver consultato i dirigenti provinciali del Psi milanese, ha deciso di adottare le necesarie iniziative per l'espulsione dal partito del presidente del Trivulzio Mario Chiesa'.

Un brutto colpo, per un uomo ritenuto potentissimo fino a pochi giorni fa. Ieri mattina, quando il giudice Paparella lo ha interrogato, Chiesa non sapeva ancora di essere stato sospeso. Si è limitato a rispondere alle contestazioni del magistrato. Contestazioni che non riguardano solo l'episodio per cui è stato colto in flagranza di reato. Si indaga anche su altri due appalti concessi alla stessa ditta che ha dovuto pagare la mazzetta di lunedì scorso.

La ditta in questione è una piccola azienda a conduzione familiare. la ILPI di

Monza. Impresa lombarda di pulizie industriali.[11] In tutto fa sette dipendenti, Presidente del consiglio di amministrazione e consigliere delegato sono due giovani, fratello e sorella. Sulla vicenda nessuno vuol fare commenti: 'Ci spiace, preferiamo non dire nulla, cerchi di capire', ci ha detto ieri un membro del consiglio. E l'ingresso in sede, un vecchio stabilimento nel centro storico, è stato sbarrato agli intrusi, per un senso di timore e di riserbo più che comprensibile, visto il clamore suscitato dalla denuncia e dall'arresto.

Appare scontato, tuttavia, che i responsabili della ILPI siano stati costretti a ribellarsi a una logica, quella della tangente, che faceva a pugni[12] oltre con la loro coscienza anche coi bilanci di un'azienda di dimensioni così ridotte. Con l'ultimo appalto si erano assicurati un servizio di pulizia alla casa per anziani 'Frisia' di Merate 'Como', un istituto che appartiene al Pio Albergo Trivulzio. Un lavoro da 140 milioni, su cui avrebbero dovuto 'tagliare'[13] un dieci per cento da destinare al presidente Chiesa. Davvero troppi 14 milioni per una piccola impresa. E così è scattata la denuncia, e con la denuncia l'arresto di Mario Chiesa. Un arresto che non manca, nelle modalità di aspetti da telefilm poliziesco. Dopo la 'segnatura' delle bancanote ad opera dei carabinieri, ieri si è appreso un nuovo particolare. Colui che materialmente è andato consegnare la bustarella a Chiesa (7 milioni, acconto sui 14 previsti) aveva nel taschino una microspia. Il colloquio fra lui e Chiesa è stato così registrato, e questo costituisce un ulteriore fonte di prova. Ma non solo: per assicurarsi un numero elevato di insospettabili testimoni, la microspia era stata collegata alle auto dei carabinieri che stazionavano nella zona. Così, stando all'interno delle loro 'gazzelle', molti militari dall'Arma hanno ascoltato via radio, in diretta, il colloquio che ha accompagnato la consegna della mazzetta. Un'idea del sostituto procuratore Antonio Di Pietro.

Ora Mario Chiesa è nel carcere di San Vittore, in una cella singola, 'ma non in isolamento', come ha precisato ieri il suo legale di fiducia, l'avvocato Nerio Dioda. Nelle speranze della difesa c'è, per un futuro molto prossimo, la concessione degli arresti domiciliari. Ma per il momento Chiesa resta in carcere. Il giudice Paparella, che ieri mattina aveva convalidato il provvedimento del fermo, nel pomeriggio ha convalidato anche la custodia cautelare.[14]

Per l'episodio per cui è stato arrestato, Chiesa potrebbe essere processato per direttissima entro pochi giorni. I magistrati decideranno probabilmente uno stralcio per gli altri due appalti sotto inchiesta.

1 Microspia: hidden microphone.
2 Mazzetta: sum of money given to a public official as a bribe.
3 'Baggina': an old people's home, an established Milanese institution.
4 'Martinitt': an orphanage founded by the Austrians in the eighteenh century.
5 Tangente: rake-off or kickback; usually a percentage of the value of a contract.
6 Colto in flagrante: caught red-handed.

7 Bustarella: envelope with money inside; i.e. a payment or bribe.
8 Pizzo: protection money paid to the Mafia.
9 Concussione: extortion.
10 Sospensione in via cautelare: provisional suspension.
11 Pulizie industriali: industrial cleaning.
12 Faceva a pugni: contradicted.
13 'Tagliare': to give a cut.
14 Custodia cautelare: detention.

3.14 'L'economia della mazzetta' (Giuseppe Turani).

Il presidente di una benemerita[1] istituzione milanese, il Pio Albergo Trivulzio,
e esponente socialista, viene arrestato con ancora in tasca i sette milioni pretesi
da un'azienda di pulizie per concederle l'appalto di spolverare i locali destinati
al conforto dei poveri anziani. E la prima cosa che viene in mente è che qualche
tempo fa, a Roma, un altro uomo pubblico, democristiano, i soldi malandrini li
teneva nelle mutande.

C'è quasi da chiedersi: ma perchè li rubano, se poi se li devono tenere così
stretti? Se non sanno separarsene? La tangente, per definizione, dovrebbe
essere mobile, sfuggente, trasformarsi all'istante in migliore qualità della vita o
in manifesti per il partito.

Questi, invece, i soldi se li portavano attaccati alla pelle. Deve esserci, in un
gesto del genere, un significato profondo. Uno scrittore di gialli direbbe che
come l'assassino torna sempre sul luogo del delitto, così chi riscuote tangenti
deve sempre averne qualche spicciolo in tasca perchè questo gli da sicurezza,
certezza professionale, sapore di quotidianità, di accettata, e quindi non più
colpevole abitudine.

Il caso milanese, comunque, merita qualche altra considerazione. Senza
voler generalizzare, o emettere sentenze al posto della magistratura, e evidente
che questa delle tangenti richieste a chi, sopratutto aziende, lavora per l'area
pubblica è un'abitudine diffusa.

Quando ero più giovane e abitavo in provincia si parlava di un ospedale dove
i partiti si erano divisi, in base ai voti, le tangenti per aree. Il partito più grande
riscuoteva il pizzo sul riscaldamento e la fornitura di carne, il secondo in lista
traeva il suo reddito dal pane e dalla frutta, il terzo da chi assicurava il servizio
di lavanderia e pulizia, e cosi via. Fino al partito più piccolo che doveva
accontentarsi di 'tosare' il giardiniere che si occupava dei pochi metri quadrati
di prato e delle poche siepi del piccolo ospedale.

Quando questi aneddoti arrivano sui giornali, la gente un po' si indigna e un
po' sorride. Credo invece che essi siano la spia[2] di una malattia nazionale non

più sopportabile. L'idea che ogni giorno dal governo ci vengono appelli alla severità dei costumi e alla necessità di sopportare un Fisco più pesante mentre gli amministratori pubblici hanno cura di riscuotere tangenti persino su chi spolvera i loro uffici fa a pugni[3] con troppe cose. E, prima di tutto, con la nostra dignità di cittadini. In questi casi accertare rapidamente la verità e poi erogare punizioni esemplari è un dovere della magistratura.

Ma è anche un dovere dei partiti cercare di introdurre un po' più di moralità. Questo delle tangenti, infatti, è uno snodo chiave[4] della nostra società. Si tratta di un punto in cui partiti e malavita si incontrano al punto che potrebbero benissimo scambiarsi i ruoli e non cambierebbe nulla.

Che differenza c'è fra la camorra che chiede il pizzo in cambio di protezione e l'amministrazione che chiede il pizzo per concedere un appalto? Nessuna. In entrambi i casi si getta un peso supplementare sulle spalle dell'imprenditore. Gli si applica una 'tassa' non prevista da alcun testo unico delle imposte. E, cosa ancora più grave, lo si costringe a entrare due volte nell'illegalità.

La prima, quando accetta di trattare e di corrispondere il pizzo a un malvivente (sia esso un boss della camorra o un elegante boss di partito). Perchè è evidente che diventa parte di una transazione illegale, che ha lo scopo di procurargli illegalmente dei vantaggi sui concorrenti, i quali non avranno l'appalto o vedranno la loro impresa distrutta dalla malavita.

La seconda illegalità viene commessa dall'imprenditore quando, per procurarsi il denaro per pagare il pizzo (quei soldi che poi finiscono attaccati alle mutande), è costretto, inevitabilmente, a falsificare i propri bilanci. L'unico modo esistente per procurarsi denaro 'nero' che si possa fa passare di mano dentro una busta, è appunto quello di inserire nella contabilità aziendale fatture false oppure spese immaginarie.

E quando un imprenditore è stato costretto a entrare così pesantemente nell'illegalità come non immaginare che prosegua per conto proprio? Falsificando ancora di più i bilanci? Recuperando altro denaro nero per corrompere altri pezzi di amministrazione, la Guardia di Finanza, gli Ispettori del Lavoro, eccetera?

Insomma, l'avidità della camorra e dei partiti, o degli uomini da essi sistemati alla testa della cosa pubblica, fa nascere e crescere una sorta di 'normale economia malavitosa' che non consiste nel vendere cocaina, ma nel produrre scope e filetti di vitello, collocati però con l'aiuto di mazzette e pizzi. Intorno alla quale prospera tutta una folla di controllori, beatamente intenti a spartirsi tutto questo denaro nero, e esentasse.

Per essere più chiari, i partiti non possono chiedere agli imprenditori e agli esercenti, ai cittadini, di resistere alle intimidazioni della malavita quando essi stessi si comportano in modo non diverso, intimidendo e pretendendo ciò che a essi non è dovuto.

Si dirà: ma si tratta di fenomeni marginali. Non credo. Qualche anno fa era stato calcolato che il giro delle tangenti e dei pizzi (partiti, pubblici amministratori e malavita) si aggirasse intorno ai 40 mila miliardi all'anno. Penso che si tratti ancora di una cifra corretta. E un po' meno del 3 per cento del reddito nazionale. Una vera enormità.

1 Benemerita: established and respected.
2 Spia: key indicator.
3 Fa a pugni: contradict.
4 Snodo chiave: literally, knot; interface or point of intersection.

3.15 'Ma Milano non si stupisce più' (Vittorio Testa). The Chiesa scandal spreads and is reported as involving a funeral company; a separate report records an increasing feeling in Milan that racketeering is rife, *La Repubblica*, 25 February 1992.

MILANO. Un episodio nauseante, odioso. Tanta amarezza. Angoscia e raccapriccio. Un punto di non ritorno. Una ferita alla milanesità, un'offesa alla tradizione ambrosiana, un tradimento alla città. Il carico di indignazione è grande, nella Milano che scopre ignobili storie di mazzette e banconote intorno alla Baggina, il glorioso ospizio Pio Albergo Trivulzio, al suo presidente socialista, Mario Chiesa, rinchiuso a San Vittore per esser stato colto con le mani nel sacco, e ora sospettato di commerci e cointeressanza nel traffico di bare, di necrofagia tangentizia[1] persino nel governo di quell'ultima dimora terrena per migliaia di vecchietti, terminal che sforna anime per l'aldilà e lucrose occasioni per l'aldiqua, imprese di pompe funebri generose nel 'pizzo' sull'anima, nel sovrapprezzo sulla bara.

'Pietà l'è morta', insomma, si potrebbe dire usando le parole della canzone partigiana, a significare come nella trincea di politica e affari, degli appalti e delle forniture, delle occasioni di corruzione e concussione, non vi siano più confini e zone di rispetto, d'inviolabilità. Ma allora è vero che questa città, la capitale morale, ha partorito una generazione di amministratori pubblici rapaci, famelici e onnivori, aperti alla società con un occhio di riguardo a quelle per azioni, politici che anziché aver qualcosa da dire hanno più che altro tante cose da tacere? Dunque è un sistema, quello dell'amministrazione pubblica occupata dai partiti, che anche a Milano, nella europea Milano, inghiotte e divora qualsiasi tangente, qualunque sia la sua provenienza, cantieri edili e pezzi di ricambio dei mezzi pubblici, licenze commerciali e forniture di sacchi della spazzatura, varianti ai piani regolatori, acquisti di latte per i poppanti e organizzazione delle esequie per i vecchietti?

Sistema mafioso potentissimo

C'è sdegno, per le tinte e i modi che caratterizzano quest'ultimo episodio, ma non sorpresa nella Milano di cui assaggiamo gli umori ascoltando le riflessioni di sei personaggi di spicco. Un prestigioso magistrato, Adolfo Beria di Argentine; un sacerdote gesuita, padre Macchi; un sociologo, Roberto Guiducci; un ex politico, già segretario cittadino dc, Antonio Ballarin; un famoso pittore e romanziere, Emilio Tadini; un poeta milanese, Franco Loi. E men che meno c'è sorpresa tra la gente della strada, assuefatta ormai alla dose quotidiana di notizie di scandali, risoluta nel suo tranquillo cinismo a valutare la credibilità non del fatto ma della cifra: sette milioni?, quasi quasi viene da non credere, data l'esiguità del bottino. No, non c'è sorpresa, perché questa capitale morale è si una metropoli di 4 milioni d'abitanti ma anche, in certi casi e su certi argomenti, come quello dello scambio d'informazioni sull'amministrazione pubblica, un paesone nel quale tutti conoscono un po' tutti, la fama vola, e spesso non occorrono carte bollate e tribunali per aver certezza di saper distinguere tra venticelli di calunnia e cicloni di corposi sospetti.[2]

'Più volte abbiamo messo in guardia dal pericolo rappresentato dalla criminalità interna, interna all'economia e alle istituzioni – dice Beria di Argentine, già procuratore generale, che ha coordinato per il Censis un'indagine sulla corruzione e gli intrecci con la criminalità. Attenti, abbiamo detto: c'è un sistema mafioso, potentissimo, il cui solo fatturato nazionale del narcotraffico[3] è di 5 mila miliardi. E c'è quell' altra criminalità, forse addirittura più pericolosa, perché più difficile da individuare. Per quanto riguarda l'episodio specifico, è un'amarezza profonda per chi abbia a cuore questa città e le sue tradizioni. Penso a quel grande sindaco socialista che fu Virginio Ferrari, morto povero in canna in un cronicario pubblico e senza aver accumulato un risparmio...'.

Sulla tradizione ferita e offesa, si sofferma anche padre Angelo Macchi, gesuita direttore di *Aggiornamenti sociali*, per sottolineare 'l'angoscia e il raccapriccio di vedere traditi gli ideali di carità e di generosità di un'istituzione come il Pio Albergo Trivulzio'. Ma padre Macchi, da uomo di fede, ricorda il Vangelo e l'*oportet ut scandala eveniant*:[4] 'Scoprire questi scandali può scuotere le coscienze, suscitare reazioni. Non dobbiamo lasciarci andare a generalizzazioni, rassegnarci sulla linea del tutto è marcio, tutto senza speranza. C'è una parziale responsabilità dei partiti in certi scandali, la mancata attenzione a chi si inserisce nell'amministrazione pubblica. Ed è certo che i partiti abbiano invaso territori civili che non sono di loro competenza. Ma guai a rassegnarsi. E l'esempio migliore, il segno che vi siano anche gli anticorpi necessari a combattere il male, viene dalla denuncia di quell'imprenditore di pulizie, dalla sua ribellione alla richiesta di tangente. È questo coraggio che ci deve far sperare, è da qui che si deve cominciare a risanare la società'.

Risanare, denunciare, ribellarsi. È anche la ricetta del sociologo Roberto Guiducci, docente allo Iulm? 'No, non credo. La mia speranza è che arrivati così in basso, a tal punto di corruzione, nasca una crisi di rigetto, una crisi violenta, di quelle che provocano il crollo dei sistemi corrotti. Ce lo insegna la storia: non è tanto la spinta degli oppositori ad abbattere certi regimi, certi sistemi, quanto invece un processo di autodemolizione, sistemi corrotti che finiscono per essere corrosi e che infine si sgretolano'.

'Come volevasi dimostrare'

Aspettiamo dunque la caduta del Muro di Milano? Sorride, il professor Guiducci, sorride amaro ripercorrendo gli ultimi accadimenti: 'Non siamo più davanti a casi devianti, ma a vere e proprie professionalità, un fenomeno paragonabile per sistematicità e organizzazione alla mafia. No, guardi – conclude Guiducci – a scuotermi non è il fatto che la vicenda abbia toccato un ospizio, ma la certezza d'aver scoperto che potrebbe essere un sistema universale, dagli aeroporti agli ospedali agli asili. Quindi poveri quei vecchietti, ma poveri anche i giovani, i bambini. Poveri tutti noi, se andremo avanti di questo passo'.

Se Guiducci ha anco a pochi dubbi, il professor Antonio Ballarin ha precise certezze. Ballarin lasciò la segreteria provinciale dc quattro anni fa, per incompatibilità di vedute sulla questione morale. 'Vivo nel mondo delle scienze esatte - dice il fisico docente alla facoltà d'Agraria - e al caso Baggina apporrei un bel *c.v.d.*,[5] un come volevasi dimonstrare. È la verifica del teorema che io avevo ipotizzato già tempo addietro'. Il teorema del professore, tradotto in parole semplici, era questo: 'A Milano c'è un racket, quello gestito dai partiti'. 'Ormai – spiega Ballarin – siamo al punto da rendere legittimo il rovesciare la questione, partendo cioè dalla presunzione di colpevolezza. Fuori le prove, gridavano i miei colleghi politici quando avanzavo dubbi su certe cose. Ora sarei pronto a fare il giro dell'amministrazione pubblica e a esigere che mi dimostrino come qualsiasi ente o appalto sia del tutto trasparente'.

No, non sono sorpresi, nemmeno Franco Loi e Emilio Tadini. Dice Loi: 'È finita la progettualità collettiva, l'etica di classe, ciascuno pensa per sé, senza avere una scala di valori. Siamo alla società del denaro, e quindi del sovrapprezzo'. Emilio Tadini ha parole dure e nitide: 'È una sorta di attentato, è il voler passare su tutto, il disprezzare tutto. È la rappresentazione di quello che chiamo il *nichilismo reale*, cioè la società giungla, un regime che applica e coltiva come valore la distruzione'.

1 Necrofagia tangentizia: literally, necrophagy remunerative in kickbacks; a play of words.
2 Venticelli di calunnia e cicloni di corposi sospetti: breeze of calumny and the cyclone of well-founded suspicion.
3 Narcotraffico: drug traffic.
4 Oportet ut scandala eveniant: it is necessary that people be scandalised.
5 *c.v.d.*: (come volevarsi dimostrare) which was to be demonstrated.

3.16 'Mario i soldi li dava al partito' (Luca Fazzo). Was the money taken for himself or for his party? Mario Chiesa's mother claims his motives were not personal enrichment. Meanwhile the inquiring magistrates are following numerous leads; report in *La Repubblica*, 25 February 1994.

MILANO. 'È stato un incidente, e lui ha confessato. Ma perché lo mettete in croce? Perchè parlate tanto dei soldi che ha preso, e non parlate dei soldi che dava?' A chi, signora Chiesa, suo figlio dava i soldi? 'Al partito, a tutti …'. E i quattro miliardi che le hanno trovato nella cassetta di sicurezza, e che i giudici sospettano invece che appartengano a suo figlio? 'Quei soldi sono miei e di mio marito, sono il lavoro di tre generazioni della nostra famiglia. Il resto, tutte le cose che hanno scritto, sono tutte diffamazioni'.

Una villetta dignitosa

Ambra Chiesa è una anziana e bella signora lombarda, tormentata dall' amarezza di una madre che vede precipitare nella polvere un figlio di cui andava presumibilmente orgogliosa. Accanto a lei, nella dignitosa villetta dietro alla montagnetta di San Siro, c'è il marito Luigi, classe 1908, milanese anche lui, geometra del Comune in pensione. Anche loro, i genitori dell'ex-leone rampante[1] del socialismo milanese, arrestato una settimana fa nel suo ufficio al Pio albergo Trivulzio, si sono ritrovati catapultati nell'inchiesta.

Tutta colpa di quella cassetta di sicurezza della Banca del Monte di Lombardia – la stessa banca che ha i suoi sportelli all'interno del Pio abergo – dove i carabinieri del giudice Antonio Di Pietro hanno scovato il malloppo di titoli al portatore. Altri soldi sono spuntati da altri conti correnti,[2] intestati anche questi a parenti dell'ingegner Chiesa.'Io credo che anche il partito socialista milanese sia esterrefatto dalle cifre che si leggono in questi giorni – dice un vecchio e autorevole esponente del partito – di chiacchiere su Chiesa se ne facevano tante, che fosse un buon finanziatore di campagne elettorali altrui era noto. Che per sè stesso avesse mire precise, anche: alle ultime elezioni ammini-strative, rifiutò il posto in lista perchè non gli era stato garantito ufficialmente

114

un posto di assessore. La domanda che tutti adesso si fanno, naturalmente è: i soldi li chiedeva per sè stesso o per il partito? Se devo giudicare dalla rapidità con cui Chiesa è stato scaricato, direi che il partito non c'entra, non ha timore di poter essere chiamato in causa'.

A cosa si riferisce allora, se davvero cosi stanno le cose, la mamma dell'ingegnere arrestato quando parla dei soldi che il figlio dava al partito? È questa una delle molte domande cui i carabinieri del nucleo operativo e quelli della 'squadretta' del giudice Di Pietro stanno cercando ora di dare una risposta. Una ricerca compiuta attaverso decine di interrogatori – ieri, per la terza volta, sono state torchiate a lungo le tre segretarie dell'ex presidente del Pio albergo – e attraverso il controllo della folta documentazione sequestrata negli uffici della 'Baggina' e in via Soresina, dove Chiesa aveva la sua sede di rappresentanza personale:[3] tra capitolati di appalto, fascicoli di pratiche edilizie e floppy disk coperti da una serie di parole chiave i militari dell'Arma milanese stanno cercando di dare un contorno preciso al patrimonio accumulato dall'ingegnere. L'impressione è che l'inchiesta si stia per sdoppiare: un primo troncone, relativo alla tangente di sette milioni versata dall'impresa di pulizie Ilpi (è l'episodio per il quale Chiesa è stato arrestato in flagrante, subito dopo avere ricevuto le banconote numerate e firmate) si dovrebbe chiudere nell'arco di pochi giorni. Probabilmente la difesa punterà a patteggiare la pena senza neppure arrivare in aula.

Ben più complesso il seconde filone, quello delle vaste attività su cui oltre un anno di indagini ha permesso di metter gli occhi. Circola con insistenza la voce che nella disponibilità di Chiesa ci siano altre somme, forse altrettanto consistenti di quelle sequestrate finora.

Il tesoro sarebbe suddiviso in altre cassette di sicurezza di banche lombarde, in titoli e in libretti di risparmio al portatore. Per i carabinieri sarebbe come cercare un ago in un pagliaio,[4] se non ci fossero a guidarli una serie di spunti: i conti correnti già venuti alla luce – che in queste ore vengono passati ai raggi X – e i legami di Chiesa con Roberto Sciannameo, socialista, uno dei re delle pompe funebri[5] milanesi, titolare anche di aziende immobiliari, edili, di marmi, di cooperative per l'ediliza popolare. Un personaggio assai noto, da vent'anni in rapporti con Chiesa. Una delle sue aziende, la Crof (Consorzio rhodense onoranze funebri), nello statuto porta come scopo sociale: 'Moralizzare[6] il settore delle imprese di pompe funebri e svolgere l'insostituibile servizio a favore della comunità, non con mero spirito di speculazione ma anche con servizi gratuiti a favore di bisognosi'.

In cella singola a San Vittore
Una dichiarazione di principio che suona quasi grottesca, dopo le accuse piovute in questi giorni sui rapporti preferenziali instaurati tra le pompe funebri

di Sciannameo e il Pio albergo Trivulzio durante la gestione Chiesa (e, ancor prima, con l'ospedale Sacco quando Chiesa ne era direttore tecnico).

L'ex presidente del Pio albergo Trivulzio è ora detenuto in una cella singola del carcere di San Vittore, nel cosiddetto 'lato B' destinato ai detenuti in isolamento: ma è un isolamento dettato solo da ragioni di opportunità, non di segreto istruttorio.

Scrive lunghe lettere al figlio quindicenne, ieri ha visto di nuovo i suoi avvocati. Chi ha avuto modo di incontrarlo, lo ha descritto come un uomo estremamente provato.

1 Ex-leone rampante: lion rampant (as in heraldry); here meaning a go-getter and rising star.
2 Conti correnti: current accounts.
3 Sede di rappresentanza personale: his own business headquarters.
4 Ago in un pagliaio: needle in a haystack.
5 Re delle pompe funebri: king of funeral services.
6 Moralizzare: a term recurrent in political debates about improving standards of public service.

3.17 'Cos'era il PSI' (Edmondo De Amicis). An extract from Edmondo De Amicis's *Lotte civili* of 1898, here reprinted with the title 'Cos'era il Psi' in the satirical weekly *Cuore* of 18 April 1992. De Amicis is writing about the Italian Socialist Party not long after its foundation and at a time when it represented a force for change in Liberal Italy. The extract, which appeared under the rubric 'Ultime notizie', appeared in *Cuore* when the Mario Chiesa scandal was reverberating through the political system.

Tu destesti[1] il Partito socialista ma tu vuoi l'istruzione, vuoi l'incivilimento della moltitudine[2] perchè comprendi che la civiltà ora è composta d'un piccolo numero d'uomini civili e d'un armento infinito di pecore.[3] Ebbene, rifletti un po'. Questo Partito che si rivolge alla moltitudine incolta e inerte, intorpidita da secoli di schiavitù, ignorante a un tempo dei suoi diritti e doveri, e le dissuggella gli occhi, la scrolla, le soffia nella mente e nel cuore, le grida continuamente: Svegliati, pensa, impara, dirozzati, migliorati, organizzati, fa il tuo bene da te stessa, affrancati da una tutela che ti terrà perpetuamente nell'oscurità e nell' impotenza – questo Partito, pure condannandolo per altri rispetti, tu lo dovresti ringraziare, se non altro, in nome della civiltà e dalla dignità umana.

Tu hai in orrore la dottrina socialista; ma tu vuoi la moralità alto come in basso, la giustizia per tutti, una classe dirigente,[4] illuminata, generosa, fautrice del progresso e della prosperità pubblica. Ebbene, questo Partito, con l'occhio vigile sulla politica, sull'amministrazione, su tutte le forme del lavoro, su tutte le funzioni dell'organismo sociale, continuamente e infaticabilmente senza riguardi[5] e senza paure, rivela miserie, denuncia ingiustizie, mette a nudo corruzioni, smaschera imposture, combatte false idee ereditarie e pregiudizi barbari e privilegi iniqui, e incalzando tormentando con mille stimoli l'egoismo e l'inerzia della classe privilegiata la costringe a discutere, a difendersi, a concedere, promettere, a fissare lo sguardo, se non altro, sulle miserie e dolori umani, onde i migliori n'abbiano almeno pietà e i peggiori almeno paura;[6] questo Partito, credilo, esercita un'azione benefica della quale – se cercasse domani – avvertiresti la mancanza tu stesso con un senso di rammarico e di sgomento.

Tu hai il socialismo in orrore; ma tu vorresti che la gioventù, il popolo avesse nell'animo un alto ideale, che i collegi elettorali non fossero mercati[7] in cui spadroneggia chi ha più denaro e meno conoscenza, che i rappresentanti della nazione cessassero d'essere servitori e sensali degli elettori che hanno comprati e che disprezzano. Ebbene, questo Partito, a cui accorrono giovani d'ogni classe, senz'altro vantaggio personale prossimo nè remoto, anzi con la certezza di persecuzioni[8] e di danni immediati o futuri; questo Partito, che, solo dà in qualche luogo l'esempio confortante d'un povero lavoratore senza un soldo,[9] più pauroso che desideroso d'essere eletto, il quale vince nella lotta un ambizioso potente ha dalla parte sua tutte le forze dell'autorità, della clientela[10] e dell'oro; questo Partito che respingendo blandizie, promesse e favori di chi ha tutto e può tutto, manda al Parlamento dei deputati che non hanno nulla, chi non gli promettono nulla, che nulla possono fare nemmeno per il più umile dei loro elettori, che non faranno mai altro per tutti che lanciare in loro nome delle proteste soffocate dagli urli della maggioranza e dei presagi d'un avvenire migliore, accolti con risate di scherno da tutti i soddisfatti del presente; questo Partito, credilo, è l'unico che rappresenti ancora la giovinezza, la poesia, l'entusiasmo della nazione; e se queste cose tu ami, come lo affermi, dovresti dire di lui quello che il Voltaire disse di Dio: che bisognerebbe inventarlo se non esistesse.

1 Tu destesti: De Amicis is addressing an imaginary reader, a member of the Italian middle class.
2 Incivilimento della moltitudine: the civilising of the masses.
3 Armento infinito di pecore: endless flock of sheep.
4 Classe dirigente: ruling class.
5 Senza riguardi: freely.
6 Onde i migliori n'abbiano almeno pietà e i peggiori almeno paura: so that best may at least be moved to pity and the worst to fear.
7 Che i collegi elettorali non fossero mercati: that the constituencies should not be market-places; the corruption and gerrymandering rife in late Liberal Italy were widely commented on.
8 Certezza di persecuzioni: in fact, repression of opposition, especially of the Left, was especially widespread two years after this was written (i.e in 1898).
9 Senza un soldo: without a penny.
10 Clientela: political support guaranteed in exchange for favours.

3.18 'Era un sistema bulgaro' (Marcella Andreoli). Nine months later, after receiving a six-year sentence, Mario Chiesa gives an 'exclusive' interview to *Panorama*, 13 December 1992, pp. 44–7, in which he describes the system of political corruption.

L'uomo chiave di Tagentopoli[1] dice: 'C'era la coda di quelli pronti a pagare per evitare la concorrenza'. E così, tra politici e imprenditori…

'Io, il mariuolo? Mai definizione fu più improvvida. Craxi avrebbe potuto darmi dello stupido, del cretino, ma del mariuolo[2] mai.' E perché? Non aver letto quel passo del Vangelo che dice: 'Chi è senza peccato scagli la prima pietra" è stato un errore. Un errore anche per Craxi'. Piglio decisissimo, intelligenza brillante, modi ancora bruschi. Eccoci, finalmente, a tu per tu con Mario Chiesa, imputato chiave di Tangentopoli: ingegnere, socialista, manager, già presidente della famosa Baggina. Insomma, il politico che, confessando molti segreti e tantissime tangenti, ha provocato il terremoto di Mani pulite, ha messo a nudo Milano e nei guai, fra gil altri, due ex sindaci.

Studio spoglio. Telefono muto. Nessun infingimento nell'eloquio che è invece così preciso da risultare a volte violento. Braccato da mute di giornalisti, silenzioso per otto lunghissimi mesi, fino a ora Chiesa non aveva mai aperto bocca. Ora che il suo processo s'è concluso, ha deciso di parlare. Esordisce: "Il sistema politico aveva perso il senso della realtà: l'illecito veniva scambiato per lecito e il mondo economico era ben lieto di aver creato, con il gioco delle tangenti, un sistema bulgaro dove la concorrenza tra imprenditori era stata bandita. Il degrado aveva raggiunto tutti: sindaci, assessori, presidenti di enti pubblici, ma anche i gradi più bassi della burocrazia. A Milano si pagavano cani e porci.[3] No credo che qualche politico, ad alto livello ovviamente, abbia dovuto chiedere soldi. C'era il codazzo di gente pronta a pagare qualunque cifra. Il problema non è Mario Chiesa, che certo i suoi soldi li ha presi, ma il sistema bastardo dove venivano falciati gli imprenditori al di fuori del cartello bulgaro."

Sentirsi dare del mariuolo l'ha spinta a parlare con i guidici?
Parzialmente. La decisione di raccontare l'avevo sostanzialmente già preso.
Il giorno in cui è stato arrestato?
No, ho voluto pensarci per 30 giorni.
Forse aspettava dei messagi?
Perché in quei 30 giorni ho capito che le responsabilità penali sono personali e che questo sistema scarica i propri maggiorenti non appena sono in difficoltà. In una logica da sorelle Bandiera, spostati tu che mi ci metto io. Chiesa è stato preso con le mani nel sacco? E allora affibbiamogli tutte le colpe dell'universo, in modo che sia uno solo a pagare. Pensiamo al povero Balzamo (*il segretario*

118

amministrativo del Psi, morto recentemente, ndr). Adesso diranno che ha preso i soldi da tutti, anche dal fattorino di via del Corso. Il sistema è marcio fino al midollo spinale, corruzione a cascata, intreccio devastante tra politica e affari. L'inchiesta Mani pulite può andare avanti per un secolo intero. I protagonisti principali sono sicuramente loro: i grandi dell'edilizia che hanno unto e imbrattato,[4] come direbbe il Manzoni, tutto il sistema istituzionale.

Responsabili più dei politici?

Certo: al Sud come al Nord. Là con i fondi pubblici. In Lombardia con la logica bulgara. Dobbiamo mandare un nostro uomo a far l'assessore ai Lavori pubblici? Non importa che sia socialista, democristiano, comunista. Va bene quello che, meglio di altri ma comunque non diverso dagli altri, è in grado non già di addomesticare gli appalti, che sarebbe poca cosa, ma di impedire che si crei un minimo di libero mercato. Salva doveva essere solo la logica dei gironi danteschi. Nel primo, le imprese garantite per il lavori pubblici a cavallo del miliardo. Nel secondo quelle garantite per opere sui 3 miliardi. E così via, girone su girone.

Cosa vuol dire con garantite?

Che c'è la cupola:[5] sei o sette imprese si riuniscono e pianificano investimenti e finanziamenti, leggi ad hoc per finanziare opere pubbliche e, successivamente, per dividere i relativi appalti. Secondo una logica mafiosa. Un esempio? Alla Baggina saranno passati una decina di presidenti, ma in venti anni la Impresa Ifg ha sempre vinto, lei sola, gli appalti.

Tutta colpa delle imprese?

Tangentopoli non nasce solo per la prevaricazione, l'avidità di denaro, la prepotenza dei politici. Nasce anche dalla complicità assoluta del mondo imprenditoriale milanese e lombardo. A partire dagli anni Sessanta, che pur sono un mondo lontano anni luce da oggi. I partiti erano governati da padri padroni;[6] la Dc, il Psdi, il Psi. Tornatevi a leggere i nomi. L'intreccio politica–affari si salda in quegli anni. Ma è negli anni Ottanta che il sistema si degenera in modo insopportabile.

Cos'era intervenuto?

La regola tacita che la tangente avrebbe gravato su tutto: dalla grande opera pubblica alla più piccola fornitura. Non si discute nemmeno più di mazzette. Prenderle è un fatto normale, per i politici ma anche per i burocrati. Perché un assessore non può gestire rapporti politico–affaristici se non ha alle spalle, connivente, la struttura burocratica. Quando l'imprenditore mi dice, per esempio, 'non si preoccupi per l'approvazione dei progetti delle opere alla Baggina che ci penso io', e poi la licenza edilizia arriva in 90 giorni quando in media ci vogliono tre anni, lei cosa capisce? Per intenderci: qui di imprenditori estorti non c'è nemmeno l'ombra.

Altolà. Un imprenditore, in un memoriale, l'accusa di nefandezze inenarrabili: non solo richiesta di quattrini, ma anche soprusi, angherie. Stava fuori della sua auto per ore mentre lei parlava con il radiotelefono... Verissimo... Lasciavo quel tizio fuori della porta e poi quando entrava gli dicevo: barbone, sei arrivato, barbone. È questo la vessazione? Quell' imprenditore è l'esempio classico del corruttore... Egli non è un imprenditore nel vero senso della parola, è un rivenditore di materassi e ciucciotti e rifornisce la Baggina da vent'anni. Piazza la sua mercanzia in qualche ministero perché i suoi prodotti sono i migliori o perché paga tangenti a cani e porci? Sono stato io a denunciare che prendevo i soldi da lui, ma lui fino alla fine lo ha negato.

Questo non l'autorizava a trattarlo come un derelitto...
Ripeto: quel tizio non è un imprenditore, ma il classico burocrate bolscevico, che da suo capo ufficio – l'ingegner Mario Chiesa –era pronto a prendere calci nel culo,[7] a subire qualsiasi vessazione e anche qualche ruffianeria. Sempre pronto a presentarti... ventisette donne. Pur di non uscire dalla sua nicchia ed evitare di misurarsi col libero mercato. E di tipi come lui a Milano ce ne sono migliaia.

Però quell'imprenditore le portava i soldi.
Come no. In una logica funzionale alla propria imprenditorialità: assistita, bastarda e che non produce ricchezza. Lei ha ancora visto uno che dopo aver parcheggiato nella segreteria di un uomo politico per ore e ore viene preso a calci e poi mette mano al portafoglio?

Lei, mi scusi, non li prendeva a calci, però?
Il rapporto era petulante, querulo, ossessivo, asfissiante. Poi sapevo che Bertini era il frutto più bacato di un sistema che aveva permesso a tipi come lui di rifornire la Baggina da 20 anni, prima ancora che arrivasse Mario Chiesa... Il vero sistema delle tangenti è quello che gravita attorno alle grandi opere pubbliche.

Lei è stato arrestato per soli 7 milioni, frutto di una tangente per lavori di pulizia.
Così avete potuto scrivere: 'Ecco il mascalzone che ruba 7 milioni a un piccolo imprenditore, ecco quel maiale di Chiesa'. Ma la gente non sa i retroscena del sistema delle corruttele[8] che esiste nel mondo sanitario, dove il 'filone imprese di pulizie' è enorme. Imprese cresciute a dismisura negli ultimi anni e che hanno conquistato il mercato, sopratutto quello degli ospedali, grazie spesso alla sola capacità tangenziale.[9] La mazzetta è del 10 per cento. Secca. Luca Magni, quello della mazzetta dei 7 milioni? Un tizio come lui non aveva la possibilità di parlare con Chiesa, manco se si piazzava nella sua anticamera per otto giorni. Non per una mia arroganza intellettuale, ma perché non trattavo piccole cose. Ma si era fatto vivo un imprenditore amico, che era legato a

Magni, il quale mi disse: 'Ingegnere, vorrei presentarle questo Magni perché vorrebbe essere lui personalmente a portarle le tangenti'. Dico di sì, ed ecco perché vengo a contatto con i famigerati 7 milioni.

E Magni la denuncia ai carabinieri.

Non perché asfissiato dalle mie richieste, ma perché... si muove il magistrato Antonio Di Pietro.

Si aspettava l'arresto quel pomeriggio del 17 febbraio?

No, perché se soltanto avessi sospettato l'intervento dei carabinieri mi avrebbero trovato nullatenente. Come tutti i grandi amministratori pubblici di Milano. I soldi io, invece, li avevo in banca, banca italiana. In Svizzera poca cosa, anche se le aziende preferivano pagare estero su estero. Non nascondevo i soldi perché sono un cretino? No, certamente. C'era nell'aria un senso di impunità. Sembrerà incredibile, ma nella mia vita non ho mai chiesto un lira a nessuno. Non perché più onesto o più bravo, ma perché non era assolutamente necessario. Se lei veniva a propormi di vendere cento milioni di apparecchi e io le sorridevo, lei mi avrebbe detto: 'Presidente, a sua disposizione c'è questa cifra'.

Teneva quei miliardi in Italia perché si credeva in una botte di ferro?

Erano 10 miliardi e 600 milioni e non 18 come avete favoleggiato, bontà vostra. E li tenevo, liquidi e pronti, perché il denaro è indispensabile per la politica. Eravamo a nemmeno due mesi dalle elezioni politiche e io avrei dovuto farmi carico degli impegni presi. Non sono come quei personaggi che fanno politica solo per intascare le tangenti. A me i soldi servivano per fare politica, formare consenso attorno al mio lavoro, acquisire potere. Finito il partito dei militanti, bisognava pagare le tessere, contribuire alle spese dalla federazione e pagare quant'altro necessario. Ricordiamoci che controllavo il 20 per cento del partito di Milano.

Alle elezioni del 5 aprile lei non era candidato. Tutti quei miliardi a chi sarebbero andati se la magistratura non li avesse sequestrati?

A finanziare la campagna elettorale.

Nel 1990 lei aveva sostenuto Bobo Craxi, il figlio del segretario del Psi, per le elezioni comunali. Quanto le era costata quella campagna?

Molto. Mediamente una campagna elettorale amministrativa per il Comune di Milano costa non meno di 300 milioni. Per Bobo ho fatto tutto quello che avrei fatto se fossi stato candidato io. Con entusiasmo, con onestà. E senza lesinare una lire. Craxi mi aveva chiesto di aiutare il figlio e il successo di Bobo mi sarebbe servito per duo scopi, importantissimo. Primo: dimostrare la mia capacità di trasferimento di voti, circa 7 mila, ovvero il mio potere nel partito. Secondo: Bobo, che per me era sempre stato un ragazzo carino, disponibile, mi aveva aperto un prezioso passaporto per l'entourage familiare. Ero entrato nella Real casa, senza dover più passare per la mediazione dei cinquantenni, generali d'armata che avevano retto per conto di Craxi la città. L'una e l'altra cosa mi avevano procurato gelosie infinite: ero riuscito, finalmente, ad avere un rapporto diretto con il segretario del partito e a dimostrare l'ampiezza del mio consenso a Milano. 'Ma che cazzo vuole Chiesa, faccia il presidente della Baggina, porti a casa i quattrini e non rompa il coglioni con la politica attiva'. Questo era il cicaleccio.

È vero che lei pensava di candidarsi a sindaco di Milano nel 1995?

Se fa un po' i conti vedrà che l'ambizione non era spropositata: quarantenne, età giusta, buona immagine, consenso diffuso, fama di grande realizzatore e di ottimo amministratore che aveva trasformato la Baggina da letamaio in clinica svizzera (definizione data dalla stampa). E un ottimo rapporto con Bettino.

Invece è finito in carcere.

Quelli del cicaleccio avranno gioito, Craxi mi ha dato del mariuolo, il figlio di Craxi mi ha fatto sapere 'faremo, vedremo, sentiremo' e mi ha fatto avere i suoi saluti. Ma fino a oggi non ho ricevuto una telefonata da un politico. Tranne quella di Sergio Radaelli (*anche lui implicato nelle tangenti*, ndr) che però considero più un amico che un politico.

È pentito di aver fatto saltare, con le sue confessioni, il tappo di Tangentopoli?

Né pentito né soddisfatto. È andata così.

1 Tangentopoli: neologism combining the words *tangente* and *polis* to mean 'city of rake-offs'; first used with reference to Milan.
2 Mariuolo: swindler, thief.
3 Cani e porci: people of every imaginable kind.
4 Unto e imbrattato: reference to scenes of plague-spreading in Manzoni's *I promessi sposi*.
5 Cupola: collective noun used of the commanding heights of Mafia organisation.
6 Padri padroni: overbearing patriarchs.
7 Prendere calci nel culo: get a kick up the arse.
8 Corruttele: corrupt dealings.
9 Tangentizia: associated with *tangenti*.

3.19 'Craxi non ha più una lira: ha restituito tutta la refurtiva' (Giuliano Zincone). A famous journalist Giuliano Zincone, reports in *Il Corriere della Sera* (also known as *Il Male*) that the Socialist Party leader is now a reformed man who fully accepts his responsibilities for his part in the political corruption exposed by the Milan magistrates. An improbable story, a satirical fake?

MILANO. Consegnate le chiavi del suo faraonico attico nel centro di Milano al procuratore della repubblica Antonio Di Pietro, Bettino Craxi si è trasferito con la famiglia in un appartamentino in affitto di due stanze e cucina, nel popolare quartiere della Baggina.[1] L'ex parlamentare plurinquisito non ha voluto dare pubblicità al suo gesto. Ma gli amici assicurano che è solo l'ultimo atto del suo clamoroso pentimento.

Prima di ridursi nell'indigenza attuale, Craxi ha infatti liquidato il proprio impero economico, comprendente proprietà immobiliari in tutto il mondo, società finanziarie di Hong Kong e Singapore, emittenti televisive, ristoranti, imprese di nettezza urbana, inceneritori, fabbriche di scarpe e di insaccati. L'assegno di circa mille miliardi ricavati dalla vendita è stato consegnato da Craxi in persona ai giudici di Milano in una simplice cerimonia, durante la quale qualcuno dei presenti – pare il procuratore Borrelli – ha avuto parole di elogio per il pentimento di un uomo che ha saputo redimersi da una vita vissuta in aperto conflitto con la legge.

Già dall'epoca dell'ormai famoso discorso in Parlamento sulla corruzione del sistema dei partiti, Craxi non era più lui. Aveva cominciato dalle piccole cose, rinunciando alla percentuale sulle mance dei camerieri dell'Hotel Raphael, ed infine ha scelto la strada della rovina economica, offrendo allo stato italiano su un piatto d'argento uno dei più colossali patrimoni mai accumulati da un uomo solo.

La giornata di Craxi alla Baggina inizia alle sette del mattino. Mentre il resto della famiglia va a lavorare, il leader in pensione sbriga le faccende domestiche: dà aria alla casa, spazza per terra e, quando capita, riattacca un bottone. All'una in punto, quando la moglie torna dal lavoro – Anna si occupa della pulizia delle toilette alla stazione Centrale – Bettino butta la pasta. Intanto, Bobo, con la sua licenza da ambulante, batte tutto il giorno i paesi dell'hinterland. Per quanto sia infaticabile e apprezzato nel suo lavoro, Bobo deve spesso cambiare piazza. Quando va male, e viene riconosciuto, al posto dei sospirati contanti, incassa ceffoni.

Stefania ha trovato lavoro come cassiera all'Upim (il padre le ha vietato di accettare un più remunerativo ma compromettente posto di venditrice all Standa).[2]

'Adesso siamo una famiglia onesta,' ama ripetere spesso Bettino, durante le lunghe serate trascorse in casa, in compagnia dei suoi cari. Della vita di un tempo sono rimasti solo i ricordi, e la villa di Hammamet ora Bettino la guarda solo in fotografia. L'immagine più famosa e più cara dell'album di famiglia è quella che immortala Bettino mentre esce dal mar Mediterraneo avvolto in un asciugamano. Ora non c'è più neache quello.

1 Baggina: old people's home at the centre of the Chiesa scandal.
2 Standa: chain of department stores owned by Fininvest and hence by Silvio Berlusconi, Craxi's old friend.

Exercises

1 Examine 'La microspia della mazzetta' in relationship to the 'five Ws' of journalism – Who?, Where?, When?, What?, and Why? – and show how the story is constructed.

2 Identify some of the recurrent terms used in reporting corruption (eg. *tangente*) and discuss some of the difficulties of translating them into English.

3 Why according to, and thanks to, press reports did Mario Chiesa's actions provoke such outrage?

4 'Nell'intervista personale, può essere importante riportare il modo di esprimersi dell'intervistato ... di riprodurre la struttura linguistica che caratterizza il modo di parlare dall'intervistato' (Albero Papuzzi). Comment in relation to Marcella Andreoli's interview with Mario Chiesa.

5 Comment on satire as a weapon of political commentary in the light of the De Amicis extract and the report 'Craxi non ha più una lira'.

Vocabulary

It should be noted that the list of words is not exhaustive and single meanings are usually given. This is due to constraints of space. The aim has been to include those words that are crucial in understanding a particular passage. In short, this vocabulary is not a substitute for a dictionary.

abbassare to lower
abbasso down with
abusivo illegal (construction)
accaparrarsene to grab
accapigliarsi to come to blows
accartocciarsi to curl up
accasciarsi to collapse
acceccato blinded
accendino cigarette-lighter
accertare to ascertain
accettare to accept
accezione (f) meaning
acciaio steel
accingersi to set about
accoglienza reception
accoltellare to knife
accomunare to bring together
accontentare to satisfy
accorgersi to notice
accorrere to rush
accucciato lying down asleep
accurato careful
addetto employed in
aderire to stick to
affermato established
affidabile trustworthy
affittare to rent
afflusso flow of arrivals
affondato buried
affrancarsi to free oneself
affrontato confronted
agenda diary
agghiacciante terrifying
aggiornamento update
aggiungere to add
aggredito attacked
agguantare to seize
aiuto-cuoco assistant cook
alba dawn
albume (m) white of egg

alito breath
allegro happy
allenamento training
allineato aligned
alloggio accommodation
allontanarsi to go away
alterco row
amaro bitter
ambulante (m) street-vendor
ameno pleasant
ammanettare to handcuff
ammazzare to kill
ammiccare to wink
ammonire to warn
ammucchiare to pile up
amoroso amorous
anello ring
anfratto ravine
annichilito annihilated
anziano elderly person
appagato satisfied
appalto public works contract
appartato secluded
apprendere to learn
appurato checked; verified
arcisicura ultra-confident
armare to supply; arm
arrangiarsi to get by
arredato furnished
arretratezza backwardness
arruginito rusty
arteria trunk road
artificiere bomb-disposal expert
asciutto terse; laconic
asessuato sexless
aspro biting
assassinare to murder
asse (f) board
assessore (m) councillor
assetato neat; orderly

assistenza aid; provision
assistere to be present
atteggiameno attitude
attendibile reliable
attentato bombing
attinenza connection
attuale relevant
attualità recent event; up-to-dateness
attutire to soften
autodidatta self-taught
autoritario authoritarian
avere (m) belonging
avvelenare to poison
avvenimento event
avvenire (m) future
avventarsi to rush; to hurl oneself
avventore (m) customer
avvertire to warn
avvolgere to envelop
azienda company; business
azzardare to make a guess

ballerino dancer
bandire to ban
baracca hut
baratro abyss
barzelletta joke; funny story
bastone (m) stick
battuta joke
beffa hoax
Belpaese (m) Italy
benestante well-heeled
bersaglio target
bigino crib
biliardino bar-billiards
blandizia blandishment
bocconi face-down
bolletta bill
borghesia middle class; bourgeoisie
bottegaio shopkeeper
boxe (m) boxing
bozzetto sketch
branchia gill
brillare to explode
broglio swindle
bruciare to burn
brusco abrupt
bugiardo liar
buttafuori bouncer
buttare to throw

cagnolino puppy
calcio kick
calesse (m) one-horse carriage

caliginoso foggy
cameriere (m) waiter
campione (m) sample
camuffato disguised
capitare to happen
capoluogo chief town (of a province)
caporeparto foreman
cappellaio hat-maker
carabiniere (m) police
carenza shortage
carica charge
carota carrot
cartella page of type
casalingo household
caserma police station
catturare to arrest
cava quarry
cenare to have dinner
ceramista (m) potter
chiacchierare to chat
chiaroveggenza foresight
chinare to kneel
chincaglierie (m) trinket
choccato shocked
cieco blind
cintura belt
ciotola bowl
civetteria whim; caprice
civile civil
codice (m) code; guidelines
colf (f) domestic help
collaborare to contribute
colluttazione (f) fight
colpire to hit
coltellate knifing
commuovere to move
compiacersi to congratulate oneself
compitare to spell out; pronounce each syllable
compito task
comportamento behaviour
comportarsi to behave
composto composed
conceria tannery
concorrenza competition
condoglianza condolence
condominio block of flats
congedato discharged
congiunzione (f) conjunction
consuetudine (f) habits
consumersi to take place
contrastante counterposed
controllare to check; make accountable
contromano in the wrong direction

126

convalidare to validate
convegno meeting
convivente (m) cohabitee
copertone (m) tyre-casing
corazza carapace; body armour
coricarsi to go to bed
coro chorus
correntista (m) bank customer
corsivo italic; short article of comment
cosca Mafia unit of organisation
costringere to force
costume (m) traditions; customs
covo den
credulone (m) credulous person
crociata crusade
cronista (m) reporter
cruento bloody
cuoco cook
cupo gloomy

dalia dahlia
danaro money
danno harm
dare retta to pay attention; listen
datato dated
dattiloscritto typescript
decalogo Ten Commandments
delitto crime
demenziale demented
depistare to deliberately mislead judicial
    inquiries
deporre to bear witness
dettare to lay down
dietrologia conspiracy theory
diffondersi to spread
diga dam
dilaniato cut to pieces
dilapidare to squander
dilapidazione waste; squandering
diligenza stage-coach
dimorante dwelling
dipanarsi to unravel; unwind
diritto right; entitlement
diroccato tumbledown
dirozzarsi to improve one's manners
disarmante disarming
disattendere to disregard
disfarsi to get rid of
dispensare to release
disposizione (f) order; command
disprezzare to despise
disprezzo disdain
dissuggellare to unseal
distaccato distanced

distogliere to draw away
distorcere to twist
ditta company
divertire to entertain
divincolare to wriggle free
domatrice lion-tamer
dotarsi to endow oneself
dovere (m) duty
dritto (adj) astute; in the know
droga drugs
dubitare to have doubts

ebete dull-witted; idiotic
ebraico Jewish
editore (m) publisher
efferato cruel; ferocious
elogio praise
emissione (f) issuing
equazione (f) equation
equidistante balanced
esamine lifeless
eseguire to execute; enact
esentare to exempt
espatriare to leave the country
etichetta label
etnico ethnic
eversione (f) subversion
evidenziare to show; produce evidence of

faida feud
fare credito to put on tick
fare passeggio to go for a walk
farfugliare to mumble
faro headlamp
fasciare to encase
fatato enchanted; magic
fatiscente crumbling
fatto event
fattura account
favellare to speak; talk
favoreggiamento aiding and abetting
faziosità factiousness; party-spirit
felpa plush
feluca cocked hat
fendente (m) stab
ferita wound
ferreo iron
ferroviere (m) railway worker
fiducia confidence
fiero proud
firma signature; well-known journalist
fogna sewer
folgorante dazzling
follia madness

fonderia foundry
fonte (f) source
forestiere (m) stranger; foreigner
foro the Bar (law)
forsennato crazed; lunatic
francesismo words or phrases taken from French
frattura fracture
frenata brake
fretta hurry
frettolosità hurry
fulminante devastating; highly charged
funesto woeful

gabinetto lavatory
gara match
genetrice mother
gestore (m) manager
giacere to lie; stay
giaciglio pallet
giallo mystery/detective story
giro round; environment
gironzolare to saunter
gomma rubber
gradevole pleasing
graffiante cutting; razor-sharp
gridare to shout
grinta grit
grossista (m) wholesaler
grossolanamente crudely
grotta cave
gusto taste

illeso untouched
imbattersi run into
impaginare to lay out a newspaper
impegno undertaking
imperare to rule
impiegato clerk
impietrirsi to turn to stone
imporsi to dominate; impose oneself
imprenditore (m) businessman
impronta hallmark
inadeguato inadequate
inadempienza shortcoming
inavvertitamente inadvertently
incalzare to pursue
incastrare to catch out
incespicare to stumble
incollare to stick
incolto uneducated; without culture
incrollabile unassailable
incutere to instil
indagine (f) investigation; inquiry

indizio evidence
indovinare to guess
indumento underpants
inenarrabile unutterable
infamante defamatory
infermità sickness
infierire to cause hurt
infilarsi to go into
ingabbiare cage
inganno trick
ingombrante encumbering; obstructing
ingrossare to enlarge
innescare to prime
inno hymn
inondazione (f) flooding
inossidabile stainless; inoxidisable
inquilino tenant
insabbiare to bury (legal investigation)
insanguinato bloody
insediare to place
inserito integrated
intervista interview
intessuto woven
intoppo obstacle
intorpidito numbed
intralciare to impede
intransigenza intransigence
intruso intruder
intuito intuition
inviato correspondent
involucro shell; casing
ippogrifo hippogriff (mythological creature)
istruzione (f) education

lacunoso full of gaps
ladruncolo petty thief
lampo flash
lana wool
lassismo permissiveness
lavapiatti (m) dishwasher
lavoratore (m) worker
lealmente faithfully
lecito permissible
legge (m) law
leone marino sea-lion
levarsi to rise
levigato polished
lupara short-barrelled shot gun (associated with the Mafia)
lustro five-year period
lutto mourning
luttuoso doleful

macchia stain

maciullato crushed
magistrato judge
magma (m) magma
maiale (m) pig
maiuscola capital or upper-case letter
malandrino rogue
malavita criminal underworld
malcostume (m) bad habits
maldestro clumsy; uncoordinated
malfattore (m) criminal; wrongdoer
malinconico melancholic
malvivente (m) criminal
man mano gradually
manifestazione (f) demonstration
manifesto poster
manodopera work force
marasma (m) chaos; confusion
marciapiede (m) pavement
marea tide
martello hammer
martirio martyrdom
martoriato martyred
mascalzone (m) wretch
maschera mask
mascolinizzazione (f) masculinisation
massaia housewife
massimo maxim
materia subject
matterasso matress
mazza club; stick
melenso dull; slow-witted
memore mindful; grateful
mendace mendacious
menomazione impairment
mensile (m) monthly publication
menzogna lie
meridionale (m) southerner
mescita pub
messa mass
mestiere (m) craft
minuscola small or lower-case letter
mischia throng; crowd
mite gentle
moderato conservative
modulo form
moglie (f) wife
molla spring
molo quay
mondana society lady
mondanità society news
monile (m) jewel; necklace
moquetta carpet
morbido soft
mormorare murmur

mutande (m) underwear
muto mute

nascondere hide
nastro tape
neologismo neologism
nocciolo essence
nodo principal point
noioso boring
nomignolo nickname
notizia news
novero number

obitorio mortuary
occhiata glimpse
occuparsi concern oneself with
odio hatred
odore (m) smell
offeso offended
oltraggiosamente outrageously; offensively
omaggio homage
omicida (m) murderer
operaio worker
operettisticamente as in an operetta
ordigno bomb
ordire to plot; scheme
orecchiato superficial
orecchino earring
orfano orphan
ortensia hydrangea
ottica perspective; point-of-view
ovattato padded

padrone (m) employer
pagliericcio straw mattress
palazzo government; establishment
palesemente obviously
paletto stake
pallino ball
papalino pontifical
parabrezza (m) windscreen
parrocco parish priest
parsimonioso sparing
parto childbirth
passaporto passport
passeggiata stroll
patente (f) driving licence
pavone (m) peacock
pediatra (m) paediatrician
pedinare to follow someone
pentito repentant; person turned state's evidence
periferia outskirts
periscopio periscope
perizia expert opinion

pervenire to reach
peschereccio fishing-boat
pezzo article for newspaper
pianerottolo landing
piano plan
picchiare fight
pidocchioso full of lice
piega fold
pietoso full of pity
pigiare to press
piglio holding; catching
piroscafo steam-boat
pitale (m) chamber-pot
plumbeo leaden
porta a soffietto folding door
portata importance
portatile (m) portable typewriter
posateria cutlery-maker
potente the powerful
potenziare maximise efficiency; develop
praticante (m) trainee journalist
predicazione (f) preaching
prefetto prefect
prefissato pre-established
pregiudicato man with criminal record
presenziare to attend; be present at
presidiare to garrison; protect
prestarsi to lend oneself
previsione (f) forecast
proboscide (f) trunk; proboscis
processare to put on trial
processo trial
procurarsi procure
profugo refugee
prolungato lengthened
pronto ready
prosciutto ham
pugno punch
pulsante (m) button
puntarsi to emphasise
punteggiatura punctuation
punto full-stop
punto interrogativo question mark
punto esclamativo exclamation mark

questore (m) police commissioner
questura police headquarters
quotidiano daily paper; everyday

raccapricciante horrifying
rafforzare to strengthen
raggiungere to reach
ragioneria accountancy
rammarico regret

rassicurare to reassure
reato crime
rebus (m) puzzle
recitare to recite
reclamizzato advertised
redattore (m) copy-editor
redazione (f) editorial office
redento redeemed
reduce (m) war veteran
referto report
reggersi to stand up
registro register
regola rule
regolamento regulation
rendersi conto to become aware
reperto evidence
reprimere to repress
respingere to reject
restituire to restore
retata police raid
rete (m) network; television channel
ribaltamento overturning; turn upside-down
ribollere to ferment
ricerca research
richiamo appeal; recall
ridimensionato revised
riempire to fill
rifiuto rejection
rifornimento supply
riga line
rigalleggiamento resurfacing
rigettare reject
rimando allusion
rimbalzare to leap
rimorchiare to tow
rimorso remorse
rimpinguarsi to stuff; pad
rincorrere to pursue
rinforzo reinforcement
rinsavire to bring someone to their senses
rinunciare to give up
rinviare to refer
ripiegare to fall back on
ripristinato restored
risata laugh
riscatto ransom; redemption
riscontrare to check; verify
riscuotere to collect
risparmio savings
rispecchiare to refect
rissa brawl
risvegliarsi to awaken
ritirarsi to retire
ritrosia reserve; shyness

130

ritrovamento discovery
rivelare to expose
rivolgersi address
roba things; possessions
romanziere (m) novelist
romanzo novel
romanzo d'appendice serial (novel), pulp fiction
ronzare buzz
rosario rosary
rozzezza crudeness
rubare to steal
rubinetto tap
rudere (m) ruin

sagacia wisdom
salma corpse
salumiere (m) delicatessen
salvaguardare to safeguard
salvo che except that
sanatoria ratification (of a law)
sangue (m) blood
sanitario health
sapere (m) knowledge
sapore (m) taste
saracinesca shutter
sbarrare to bar
sbattere to bang into
sberleffo grimace
sbircia look-out
sbudellare to gut
scacciare to drive away
scadenza term
scagliarsi to hurl oneself
scalcagnato worn at the heels
scappare to run away
scappatoia short cut
scaraventare to fling
scatenarsi to unleash oneself; rage
scatola box
scherno mockery
schiacciante overwhelming
schiacciare to crush
schiavitù slavery
schiavo slave
schierarsi to take sides
schifo revolting; disgusting
sciagura misfortune
sciocchezza stupidity
sciopero strike
scissione (f) split
scolorire to fade
scommettere to bet
scomodo difficult; uncomfortable

scomporrere to make someone lose composure
sconcio scruffy
sconosciuto unknown person
scontato taken for granted
scontro conflict
sconvolgente perturbing
scoperta discovery
scopo purpose
scorrere to run
scosso upset
scottante burning
scovare to find
scrollare to shake
scrutare to scrutinise
scucirsi to open up
scuotere to shake
seccare to annoy
sedia a sdraio deck-chair
sega saw
seme (m) seed
sensale (m) broker; middleman
seppellito buried
setacciare to comb
settentrionale (m) northerner
settimanale (m) weekly magazine
seviziare to torture
sfasciare to destroy
sfida challenge
sfiducia lack of trust
sfigurato disfigured
sfilarsi to march; parade
sfizio whim
sfogliare flick through
sfondo background
sfregiato defaced; disfigured
sfruttamento exploitation
sfuggire to escape
sfumare to tone down
sgabello stool
sgarrare to make a mistake
sgomberare to clear
sgomento dismay; astonishment
sgridata rebuke
sguaiato unseemly; coarse
sguardo look
sguattero dishwasher
sicario hired assassin
sigla signature; signature tune
siglare to initial
siluro torpedo
sindacato trade union
smaltire to digest
smarrimento disorientation

131

smarrito lost
smascherare to unmask
smettere to stop
smorfia grimace
snaturato cruel
snodo chiave linchpin
sobbalzo jump
sobillazione (f) agitation; instigation
socchiuso half-closed
soffiare to whisper
soffiata tip-off
soleggiato sunny
solidale (con) be in agreement with
sommerso submerged
sondaggio opinion poll
sonoro sound
sopportabile tolerable
sopraffato overwhelmed
sopraffazione (f) abuse of power; outrage
sostenere to maintain
spadroneggiare to domineer
spaventoso frightening
spaziare to range
specchio mirror
spezzare to smash; break
spezzone (m) strip
spiazzo clear area
spiccare stand out from
spicciolo little; insignificant
spigoloso cantankerous; angular
spilungone (m) beanpole
spiritoso witty
spoglio bare
sporco dirty
sprovveduto incautious; inexperienced
spuntare to spring up
stabile building
staccare to lift
staccionata fence
stampa press
stendere to draft
sterminato endless
stilare to draft
stima esteem
stiva hold (of a ship)
straniero foreigner
stravolgimento upset
striscia strip
stroncare to eradicate
strozzare to strangle
strumento means
stupito amazed
stupore (m) amazement
subbuglio uproar; turmoil

subire to suffer; be subjected to
sufficienza conceit; self-satisfaction
surgelare to freeze
suola sole of a shoe
suscitare to provoke; sustain
sussulto start; jump
sventato foiled; thwarted

tacere to be silent
taciuto silenced
tagliare to cut
tallone (m) heel
tamponare to block up
tapparella shutter
tapparsi shut oneself up
tappeto carpet
tappezzato hung with
tasso yew tree
tasto key
tatto tact
telescrivente (m) telex machine
tenuta endurance; estate
teorico theorist
teppista (m) thug
tessera tessera (of mosaic)
testata newspaper title
testimone (m) witness
tetro dejected
timbro stamp
tirare to drag
tirocinio apprenticeship; training
titolare to compose headlines; (m) owner
titolo headline
tonfo thud
topico topical
torace (m) chest
torrefazione (f) shop selling coffee
tosare to fleece
tradimento betrayal
trama plot
trambusto uproar
trapasso crossing
trappola trap
trasalimento astonishment
trasbordo transhipment
trasitare to pass through
trasparire to appear
trattare to deal with; concern
travolgere to run over
trincerarsi to dig in
trincerato dug in; entrenched
truccare to make up; falsify
trucioli wood-shavings
truffa swindle

truffatore (m) swindler
tufo tufa
tuorlo yolk of egg

unghia fingernail
urlo shout
urtare to bump into

valere to be worth
valicare to violate
vampata blast
vedetta look-out
vendicarsi to avenge oneself
ventino coin
vergognarsi to feel ashamed

versante (m) side; angle
vetro window
vicino neighbour
vigere to be in force; be current
vigilanza watchfulness; readiness
vignettista cartoonist
vile cowardly
villeggiatura holiday
virgola comma
virgoletta inverted comma
voga fashion
volgere to turn
voluta spiral

zanzara mosquito
zampettare to trot